宋辽金史讲义
资治通鉴介绍

柴德赓 著

商务印书馆
The Commercial Press
创于1897

图书在版编目（CIP）数据

宋辽金史讲义·资治通鉴介绍 / 柴德赓著. — 北京：
商务印书馆，2021
ISBN 978-7-100-16181-7

Ⅰ. ①宋… Ⅱ. ①柴… Ⅲ. ①中国历史－研究－辽宋
金元时代②中国历史－古代史－编年体③《资治通鉴》－
研究 Ⅳ. ①K240.7②K204.3

中国版本图书馆CIP数据核字（2018）第116162号

宋辽金史讲义·资治通鉴介绍

柴德赓 著

商 务 印 书 馆 出 版
（北京王府井大街36号 邮政编码 100710）
商 务 印 书 馆 发 行
三 河 市 尚 艺 印 装 有 限 公 司 印 刷
ISBN 978 - 7 - 100 - 16181 - 7

2021年10月第1版　　　开本 710×1000　1/16
2021年10月第1次印刷　　印张 14　1/2

定价：78.00元

目　录

宋辽金史讲义

读柴德赓先生《宋辽金史讲义》感言

能有机会为柴德赓先生的《宋辽金史讲义》写几段个人感言，就我来说，是一种意外，也是一种荣誉、一种责任。

2016年冬，柴先生女公子令文和嫡孙念东亲临舍下，惠赠商务印书馆出版的柴德赓先生《宋辽金元史讲稿》线装影印本，并且嘱我为讲稿的宋辽金史部分写一序言。我自知是柴先生的晚辈，学术上更是后来人，本没有资格为前贤讲稿作序；但面对这份诚挚的信任，目睹老先生潇洒流畅的手迹，心底涌起对柴先生的忆念与情感，因而觉得无法拒绝。于是呈上这一感言。

在我心中，柴先生庄重、温雅、慈祥。对柴先生初有印象，是在上小学的时候。记得先生曾经住在北京大学朗润园的专家招待所，先父邓广铭前去探望，也带我同行。当时还在两位父辈面前背诵了唐诗（已经不记得是哪一首），大概完全没有吟诵的味道，我父亲并不满意，但先生还是勉励了一番。在家中，父亲母亲时常谈及柴德赓、刘乃和二位先生（刘先生曾经半开玩笑地称我为她的"干女儿"），往来交际十分亲切。1964年，先母过世，墓碑上的文字就是家父请柴先生书写的。

现在想起五十多年前的往事，会觉得，先父与柴先生的交情，或许不仅是性情的投契，也是由于学术上的相知。先生熟晓宋代史料，对于宋代历史进行过精深的研究。他于1941年发表的《宋宦官参预军事考》，至今仍是宋史学人的必读之作；1961 年发表的《陆秀夫是否放翁曾孙》一文，当时曾引发历史界、文学史界诸多大家的广泛关注。

柴先生与北大历史系也有深切的情谊。1962 年初，翦伯赞先生率北大历史系几位教师，集中在苏州撰写修订《中国史纲要》。当时柴先生在江苏师范学院主持历史系工作，是年 1 月 16 日的日记中说，得知"翦伯赞同志及北大诸君来苏编教材，约余相见，遂驱车前往，晤于礼堂。伯赞夫妇、邓广铭、田余庆、许大龄等均来，相晤甚喜。同观评弹、苏剧演出"。次日则称"携回《中国通史》（按指《中国史纲要》）初稿排印分册本，灯下阅之。言简意赅，无牵强附会、拖泥带水之病"。翦老的助手张传玺先生回忆说，《中国史纲要》文稿形成过程中，柴先生经常参与讨论，提出过许多有价值的意见；也曾"全程陪同"北大一行，到寒山寺等处参观。那段期间，先生曾经邀请翦老和我父亲到江苏师院做学术讲座；1963 年，先生又应翦老邀请，到北京大学讲授"中国历史要籍介绍"课程。

《宋辽金史讲义》（以下简称《讲义》）是柴德赓先生 1946 年在辅仁大学史学系任教时的讲稿。讲稿分为"宋之代周及统一"、"辽之兴起及宋辽之冲突"、"宋初制度"、"变法与党争"、"辽之衰落及金之兴起"、"金之侵宋"、"南宋建国及与金和战经过"（1457）等八个部分（"第四"阙），并附有"宋辽金史习题"十道。

这部《讲义》总计三万余字。讲义用于课堂教学的时候，正值抗战胜利不久，诸事丛脞，百废待举，文稿并未最终完成。但在这有限的篇幅中，柴先生以宋代政治史为主线，并及契丹／辽、女真／金的历史，勾勒出一个南北对峙时代的整体面貌。刘乃和先生曾经说，柴先生讲课"内容丰富，深入浅出，引人入胜。凡听过他讲课的，有口皆碑"。许大龄先生也回忆说，柴先生的授课"是最有魅力的，因为他不仅教历史知识，还教些历史方法"。从《宋辽金史讲义》的内容来看，先生"既教历史知识，也教历史方法"的特点是十分突出的。

《讲义》尽管是未完成稿，但已经呈现出两宋辽金历史的大体结构，基本脉络明确清晰。文稿含括时段自五代末年至南宋初年，依循政治史线索，对于其间的重要事件、重要制度，进行了有选择的交代，详略取舍自成一体。其中予人印象深刻的是，史界惯于铺陈渲染的"陈桥兵变"，包括事件发端、材料引述、概括点评，先生共用249字予以扼要说明；而通常不够重视的"黄袍加身"之后续事件，包括王彦升杀韩通、陶谷进禅文、殿前司调整等事，先生则用了近千字考订叙述。材料的疏密安排，显示出先生思考重点的不同，对于读者与学生关注点的引导也有所不同。

《讲义》各个部分，对于历史事实的讲述，都自基本史料入手，大量列举原文，引证丰赡。先生在其《史籍举要》一书中曾说："研究一个问题，必须把和这个问题有关的史料尽量搜集起来，这是调查研究工作的最基本的条件。"《讲义》"宋初制度"一篇中讲"科举"，短短689字的篇幅中，依次引述了《宋史》、《燕翼诒谋录》、《能改斋漫录》、《涑水记闻》、《文献通考》、《石林燕语》等史籍的记叙。广征博引的目的，在于引导学生丰富认识，进行比对。讲高梁河之战，先生比较了《续资治通鉴长编》、《宋史》、《辽史》中的相关记载，指出"《长编》有掩饰也"。《讲义》的这种撰写方式，具有那一时代的鲜明特色，也让我们想到先生长期倡导的"不发空论，讲事实"的学术风气，想到先生指引的"从目录学入手"，"以博学广读，为基础雄厚；以精读深研，为专门之学"的治史门径。

《讲义》存留的文字中，先生个人的表述并不多见。但每一评述按语，都寓含着先生对于史料、史事的犀利观察。引用李焘《续资治通鉴长编》卷一所说出兵陈桥前，"都下谨言，将以出军之日策点检为天子，士民恐怖，争为逃匿之计，惟内庭晏然不知"；先生指出："陈桥兵变之事，《长编》、《东都事略》、《宋史》、《涑水记闻》均载之，系预定计划，必非偶然发生之事。外间纷传，内廷不知，固可疑。"讲到太宗时期的宋辽会战，先生说，"宋初文人大抵欲用师"；讲到南宋高宗即位，先生批评"即位之初即杀陈东、欧阳澈，最失人心"。凡此种种，都显示出先生的敏锐洞察力。

如今，宋辽金史的讲义教材已经不少，但柴德赓先生七十年前撰写的这一部仍然有其独特的价值。相信《讲义》的读者都会从中感受到前辈学者严谨沉厚的学术风范，感受到史料研读对于历史学习的重要意义，也感受到薪火相传的责任在肩。

邓 小 南

2017 年 8 月 6 日

于北京大学

第一章 宋之代周及统一

宋太祖祖敬，历营、蓟、涿三州刺史。父弘殷，事唐庄宗，典禁军。周世宗时，征淮东，为前军副都指挥使，领兵先入淮扬，未几以疾归，中途而崩。太祖周世宗时与父同典禁兵，高平之战（注：显德元年三月），指挥樊爱能、何徽（注：樊爱能马军都指挥使、何徽步军都指挥使）引骑兵先遁，太祖时为宿卫将，与张永德犯锋死战，汉兵大败，世宗收爱能、徽及所部军使以上七十余人，责而诛之，擢太祖为殿前都虞候，领严州刺史。

显德三年（注：956）正月，周世宗亲征淮南，南唐皇甫晖、姚凤退保清流关（注：滁州）。二月，命太祖倍道袭清流关，突阵击晖，中脑，并擒姚凤，遂克滁州。后数日，宣祖为马军副都指挥使，引兵夜半至滁州城下，传呼开门。太祖曰："父子虽至亲，城门王事也，不敢奉命。"明旦乃得入。（注：《通鉴》卷二九二）

显德三年十月甲申，以太祖为定国节度使兼殿前都指挥使。（注：《通鉴》卷二九三）

《宋史·本纪一》：显德六年，周世宗北征，阅四方文书，得韦囊，中有木三尺余，题云："点检作天子"，异之。时张永德为点检。世宗不豫，还京师，拜太祖检校太傅、殿前都点检，以代永德。（注：《东都事略》无此事。世宗六年六月癸巳崩）

七年春，北汉结契丹入寇，命出师御之，次陈桥驿，遂有推立之事。

《续资治通鉴长编》[①] 言：太祖自殿前都虞候再迁都点检，掌军政凡六年，士卒服其恩威，数从世宗征伐，洊立大功，人望固已归之。于是，主少国疑，中外始有推戴之议。正月壬寅，殿前副都点检、镇宁军节度使、太原慕容延钊将前军先发。时都下谨言，将以出军之日策点检为天子，士民恐怖，争为逃匿之计，惟内庭晏然不知。

陈桥兵变之事，《长编》、《东都事略》、《宋史》、《涑水记闻》均载之，系预定计划，必非偶然发生之事。外间纷传，内庭不知，固可疑。

《长编》卷一云：马步军副都指挥使、在京巡检太原韩通，闻变自内庭惶遽奔归，将率众备御。散员都指挥使王彦升遇通于路，跃马逐之，至其第，第门不及掩，遂杀之，并其妻子。

《宋史》卷二五七《李处耘传》：见军中谋欲推戴，遽白太宗，与王彦升谋，召马仁瑀、李汉超等定议，始入白太祖，太祖拒之。

观诸书所载，似彦升偶然杀之。

《宋史》卷二五〇《王彦升传》：彦升性残忍多力，善击剑，号"王剑儿"。开运初，契丹围大名，少帝幸澶渊，募勇敢士赍诏纳城中，彦升与罗彦瓌应之。一夕突围而入。太祖北征，至陈桥，为众推戴，彦升以所部先入京，遇韩通于路，逐至第杀之。

罗彦瓌者，即推宰相王溥、范质至太祖前，按剑厉声谓质等曰："我辈无主，今日须得天子"，太祖叱之不退者也。《宋史》本纪仅称"列校"，《长编》则云"散员指挥都虞候"，是与王彦升有关联者。《宋史》卷二五〇有传，为节度使。

韩通，《宋史》卷四八四《周三臣传》云：通性刚而寡谋，谓之"韩瞳眼"。其子颇有智略，幼病伛，人目为"橐驼儿"。见太祖有人

---

① 丁义珏注（丁注）：以下简称《长编》。

望，常劝通早为之所，通不听。此说本之《涑水记闻》，则王彦升并诛通之妻子，非无因也。

《宋史》卷二六九《陶谷传》：初，太祖将受禅，未有禅文，谷在旁，出诸怀中而进之，曰："已成矣。"太祖甚薄之。

此亦本《涑水记闻》，谷时为翰林承旨，《邵氏闻见录》亦载之。《长编》于"谷进曰：'制书成矣'"下，着"遂用之"三字，无"太祖甚薄之"云云。

《宋史·太祖本纪》："正月乙巳，大赦，改元。"于兵变日期不明书。考之《长编》卷一，是月辛丑朔："镇、定二州言契丹入寇，北汉兵自土门东下，与契丹合。周帝命太祖领宿卫诸将御之。"次日壬寅，慕容延钊出兵。三日癸卯，大军出爱景门。是夜，匡义、李处耘、赵普计事，分遣衙队军告郭延赟、石守信、王审琦（注：皆在京师），太祖醉卧。四日甲辰黎明，黄袍加身，至晡，文武官就列于崇光殿行禅代礼。五日乙巳，诏因所镇节度州名（注：归德军节度使），定有天下之号曰"宋"。正月己巳，镇州郭崇报契丹与北汉军皆遁。

此大可疑也，故清查初白诗云："千秋疑案陈桥驿，一着黄袍便罢兵。"赵翼《廿二史劄记》则云：五代诸帝多由军士拥立，相沿为故事，至宋祖已第四帝矣。（注：唐明宗、废帝从珂、郭威、宋太祖）

宋以殿前军都指挥使、侍卫马军都指挥使、侍卫步军都指挥使为三衙。

《宋史》卷一六六《职官志》：殿前司设都指挥使、副都指挥使、都虞候各一人。有都点检、副都点检之名，在都指挥使之上，后不复置。侍卫亲军马军、步军设官同殿前司。

一、平潞州李筠

李筠，《宋史》入《周三臣传》(注：卷四八四)，与扬州 (注：淮南节度使) 李重进反对宋太祖代周，宋祖即位，首加翦除者也。传曰：筠，并州太原人。周祖时为昭义军节度，太祖建隆初，加兼中书令，遣使谕以受周禅。筠即欲拒命，左右为陈历数，方僶俛下拜，貌犹不恭，及延使者升阶，置酒张乐，遽索周祖画像悬壁，涕泣不已。宾佐惶骇，告使臣曰："令公被酒，失其常性，幸勿为讶。"及太原刘钧以蜡书结筠共举兵，筠虽缄书上太祖，心已蓄异谋，太祖手诏慰抚之。是时，筠子守节为皇城使，尝泣谏，筠不听。太祖又遣守节谕旨曰："我未为天子时，任自为之，既为天子，独不能臣我耶？"守节白筠，筠谋愈甚，遂起兵，令幕府为檄书，辞多不逊。留其子守节守上党，引众南向。太祖遣石守信、高怀德将兵讨之。太祖亲征。

《长编》五月丁巳，诏亲征。己未，发大梁。六月己巳朔，上至泽州，督诸军攻城。辛巳，克其城，筠赴火死。获北汉宰相卫融。己酉，攻潞州。丁亥，筠子守节以城降，上赦其罪，升单州为团练，用守节为使。

李筠事《涑水记闻》亦载之，且有借僧敛钱之事。又云：斩筠，遂屠泽州，谓得之阎士良。《宋史》及《长编》皆不取此说。

李筠等举兵，颇似隋文帝初辅政时，尉迟迥、王谦、司马消难 (注：并见《周书》卷二一) 先后抗命，及三人俱败，文帝受禅，此则即位在先异耳。

4

宋辽金史讲义　资治通鉴介绍

二、平淮南李重进

《宋史》卷四八四本传：重进其先沧州人，周太祖之甥，福庆长公主之子也。重进年长于世宗，及周祖寝疾，召重进受顾命，令拜世宗，以定君臣之分。恭帝嗣位，改淮南道节度。太祖即位，以韩令坤代为侍卫都指挥使，加重进中书令。既而移镇青州（注：平卢），加开府阶。重进与太祖俱事周室，分掌兵柄，常心惮太祖。太祖立，愈不自安，及闻移镇，阴怀异志。太祖遣六宅使陈思诲赍赐铁券以安其心。重进自以周室近亲，恐不得全，遂拘思诲，治城隍，缮兵甲，遣人求援李景。景惧而不纳，闻之太祖。太祖遣石守信、王审琦、李处耘、宋偓（注：宋偓，《长编》作宋延渥）四将率禁兵讨重进。亲征，拔之。

按《长编》此事列建隆元年九月，云：始与上俱事周世宗，分掌内外兵权。恭帝嗣位，出镇扬州，领宿卫如故。九月己未（注：廿二），反书闻。十月丁亥（注：廿一），下诏亲征。十一月丁未（注：十一），至大仪驿，石守信遣使驰奏，扬州即破，请上亟临视。是夕，次其城下，登时攻拔之。李重进尽室赴火死。十二月己巳（注：初四），上发扬州。丁亥（注：廿二），至京师。

（注：《通考》：宋受周禅，凡州府军监一百三十九，县六百六十一，户九十六万七千三百五十三。《宋志》作："州百一十一，县六百三十八"，户同）

三、收复湖南（荆南附）

湖南本十国中楚马氏疆土，马氏自唐乾宁三年丙辰（注：昭宗，896）武穆王殷自立于湘南，至周太祖广顺元年辛亥（注：951，南唐保大九年），南唐迁边镐入楚，希崇诣镐降，举族迁于南唐，凡五十五年①。

（注：吴氏《十国春秋》作"昭宗乾宁三年"，《新史》传作"三年"，《注》作"二年"，《宋史》卷四八三作"二年"，《新唐书》本纪作"三年四月"，校《五代史》十一月）

自马氏亡后，周行逢（注：武陵人）据潭州。《新五代史》卷六六《周行逢传》：显德元年，拜行逢武清军节度使、权知潭州军府事。建隆三年，行逢病，召其将史，以其子保权属之曰："吾起陇亩为团兵，同时十人，皆以诛死，惟衡州刺史张文表独存。然常怏怏不得行军司马。吾死，文表必叛，当以杨师璠讨之。如其不能，则婴城勿战，自归于朝廷。"行逢卒，子保权立。文表闻之怒，遂举兵攻下潭州。保权乞师于朝廷，亦命杨师璠讨文表。师璠至平津亭，文表出战，大败之。初，保权之乞师也，太祖皇帝遣慕容延钊讨文表。未至，而文表为师璠所执。延钊兵入朗州（注：常德府武陵县），保权举族朝于京师。

《宋史》卷四八三亦有《周行逢世家》，云：保权乞师于朝廷，乃遣山南东道节度慕容延钊为湖南道行营都部署，宣徽南院使李处耘为都监，将步骑往平之。师及江陵，文表已为保权之众所杀。保权牙校张从富辈以为文表已平，而王师继进不已，惧为袭取，相与拒守。

按《长编》乾德元年三月，张从富等出军于澧州南，与王师遇，未及交锋，贼军望风而溃。李处耘逐北至敖山寨，俘获甚众。处耘择所俘体肥者数十人，令左右分食之。少健者悉黥其面，令先入朗州。会暮，宿寨中。慕容延钊继至。所黥之俘得入城，悉言被擒者为王师所啗食。贼众大惧，纵火焚州城，驱略居民，奔窜山谷。壬戌（注：

① 丁注：原作"五十七年"，据上下文意改。

癸巳朔，初九）王师入朗州，擒张从富，枭其首。李处耘麾下将田守奇获保权以归。于是尽复湖湘旧地，凡得州十四，监一，县六十六，户九万七千三百八十八。（注：《宋史·地理志》、《文献通考·舆地考》皆作十五州，是也）

因平湖湘，须假道荆南，宋因得收复荆南地。

荆南高氏，《欧史》作"南平"，张唐英《补九国志》作"北楚"，刘恕《十国纪年》及《宋史》作"荆南"，《长编》亦作"荆南"。

自高季兴于天祐三年（注：906）十月称荆南节度观察留后，至梁末帝乾化三年（913）八月封为渤海王，中朝浸不能制，历梁、后唐，封南平王。至孙保融、保勗，世奉中朝正朔。《宋史》世家：保勗卒，建隆四年正月，制授保融长子继冲为检校太保、江陵尹、荆南节度。时湖南张文表叛，周保权求救于朝廷，诏江陵发水军三千人赴潭州。继冲即遣亲校李景威将之而往。二月，慕容延钊、李处耘等率众至，继冲以牛酒犒师，开门纳延钊等，即遣客将王昭济、萧仁楷奉表纳土。

《长编》乾德元年正月（注：即建隆四年）：先是，卢怀忠使荆南，上谓曰："江陵人情去就，山川向背，我尽欲知之。"怀忠使还，报曰："高继冲甲兵虽整，而控弦不过三万，年谷虽登，而民困于暴敛。南通长沙，东距建康，西迫巴蜀，北奉朝廷，观其形势，日不暇给，取之易耳。"于是上召宰相范质等谓曰："江陵四分五裂之国，今假道出师，因而下之，蔑不济矣。"

高继冲诸臣劝之降者，孙光宪也；劝之拒命者，李景威也。景威欲于荆门中道险隘处设伏，攻其上将。继冲不听，景威扼吭而死。

继冲奉表以二州十七县十四万二千三百户来归[1]。（注：《宋史·地理志》及《通考·舆地考》作州、府三，归、峡、江陵府是也）

---

[1]　丁注：据上下文及《续资治通鉴长编》卷四，"二州"为"三州"之讹。

《十国春秋》：高氏自梁开平元年，武信王据有荆州，旋得归、峡，传袭四世五帅，至宋乾德元年国除，凡五十七年。（注：906—963）

按《宋史》世家言：传袭三世五帅，凡四十余年。自季兴传子从诲，从诲传保融，保融传继冲，是四世也。四十余年，盖无根据，不可不正之。

四、平蜀

蜀之为地，广土众民，山川阻塞。天下无事，蜀每先乱，天下大乱，蜀人反得闭关自守。自唐末之乱，王建大顺三年（注：892）据有两川（注：建卒已七十二），至天复七年（注：哀帝天祐四年[907]）梁灭唐，遂称帝，自立帝号。（注：《旧五代史》言：龙纪元年[889]入成都，天祐五年建号[908]。908误，此从《新五代史》、《九国志》）

至同光三年（注：咸康元年[925]）唐庄宗遣魏王继岌、郭崇韬伐蜀。嗣主王衍出降，举家迁洛，国遂灭亡，是为前蜀。（注：大顺二年至同光三年，为三十五年）

后蜀孟知祥，《宋史》卷四七九有《西蜀孟氏世家》。知祥事唐武皇，唐武皇以弟之子妻之，是为琼华长公主。同光三年平蜀，四年以知祥为剑南西川节度副大使、知节度事（注：知祥入蜀，郭崇韬保荐）。明宗即位，命知祥讨平东川，知祥自领两川节度，明宗即以授之。长兴四年，封蜀王。明德元年（注：唐废帝清泰元年[934]）称帝。七月，知祥卒，子昶袭位。昶即位之二十七年（注：广政廿三年）为宋太祖建隆元年。

《宋史》卷四七九《孟氏世家》曰：乾德二年，昶遣孙遇、杨蠲、赵彦韬为谍至京师。彦韬潜取昶与并州刘钧蜡丸帛书以告，其书云：

"早岁曾奉尺书，远达睿听，丹素备陈于翰墨，欢盟已保于金兰。泊传吊伐之嘉音，实动辅车之喜色。寻于褒汉添驻师徒，只待灵旗之济河，便遣前锋而出境。"先是，太祖已有西伐意，而未发。及览书，喜曰："吾用师有名矣。"

宋遣平蜀之师分两路，陆路命忠武军节度王全斌充凤州路行营前军兵马都部署，武信军节度、侍卫步军都指挥使崔彦进充副都部署[①]，枢密副使王仁赡充都监；水路命宁江军节度、侍卫马步军都指挥使刘廷让（注：《长编》作刘光义，此殆避讳改）充归州路行营前军兵马副都部署，内客省使、枢密承旨曹彬充都监，客省使武德节充战櫂部署，率禁兵三万人、诸州兵二万人分路讨之。（注：《长编》合步骑六万，分路进讨）

是时蜀枢密使王昭远主战，宰相李昊主降。李昊，生于关中，前后仕蜀五十年。王衍降唐庄宗，昊草其表。昶之降也，其表亦昊所为，蜀人潜署其门曰："世修降表李家者也。"事迹见《宋史》卷四七九本传。

王昭远者，成都人。《宋史》卷四七九本传言其好读兵书，颇以方略自许。宋师入境，昶遣昭远与赵崇韬率兵拒战。始发成都，昶遣其宰相李昊等饯郊外。昭远酒酣，攘臂曰："是行也，非止克敌，当领此二三万雕面恶少儿，取中原如反掌耳。"及行，执铁如意指麾军事，自方诸葛亮。将至汉源（注：清溪县），闻剑门已破，昭远股栗，发言失次。崇韬布阵将战，昭远据胡床，皇恐不能起。俄崇韬败，乃免胄弃甲，走投东川，匿仓舍下，悲嗟流涕，目尽肿。为追骑所执，送阙下，太祖释之。

蜀将可任者，惟赵崇韬、高彦俦。崇韬于周世宗克秦、凤，将入

---

① 丁注："侍卫步军崔彦进充副都部署"，"步"原作"马"，据《宋史》卷四七九《西蜀孟氏世家》、卷二五九《崔彦进传》改。

蜀境时，拒退周师。汉源之战，独策马先登。及蜀军败，犹手击杀十数人，为宋师所擒。彦俦守夔州，宋师已乘城，判官罗济劝令单骑归成都，彦俦曰："我昔已失天水，今复不能守夔州，纵不忍杀我，亦何面目见蜀人哉？"济又劝其降，彦俦曰："老幼百口在成都，若一身偷生，举族何负？吾今日止有死耳。"即解符印授济，具衣冠，望西北再拜，登楼纵火自焚。

《长编》乾德二年十一月甲戌（注：初二）命师，十二月辛酉（注：十九）取兴州（注：汉中略阳县），戊辰（注：廿六）取夔州（注：奉节），壬申（注：三十），入利州（注：广元）。三年正月，破剑门。己卯（注：初七）蜀遣使奉降表。自全斌等发京师，至昶降，才六十六日。凡得州四十六，县二百四十，户五十三万四百二十九①。

自孟知祥同光三年乙酉（注：925）入蜀，至广政二十八年乙丑（注：965），国灭，父子二世，凡四十年。（注：《旧五代史》以为同光二年丙戌入蜀，四十年亡。非是。同光二年甲申，应四十二年。丙戌则四年也）

宋之平蜀，不胜其易，然蜀事初未已也。《长编》载王全斌及崔彦进、王仁赡等日夜饮宴，不恤军务，纵部下掠子女，夺财货，蜀人苦之。（注：《长编》乾德三年：命文武官任川、峡职事者，不得以旅行。）三月诏发蜀兵赴阙，至绵州，果劫属县以叛，推全师雄为帅，众十余万。四年十二月师雄病死，贼众悉平。

师雄之叛，高彦辉战死。师雄等三月发难，四年十二月始平。

其后卒有李顺之叛，事在太宗之世。

① 丁注："户五十三万四百二十九"，据《宋史》卷二《太祖本纪》、卷八五《地理志》，"百"当作"千"。

五、收复广南 —— 平南汉

南汉刘氏,自刘仁安仕唐为潮州刺史,因家岭表。(注:此据《宋史》,《元龟》作为潮州长史,与此异)仁安生谦,咸通中为广州牙将,后为封州刺史、贺江镇遏使。生子隐,即南汉烈宗。梁开平初,兼静海节度使,封南海王。隐卒,弟陟知留后。贞明三年(注:917),僭帝号,国称大汉(注:初曰大越,后改)。改元乾亨,改名曰龑(注:读若俨)。即南汉高祖。(注:自唐末之乱,士人多避地交、广,故刘氏得资以成业)晋天福七年卒(注:942),子玢嗣,为弟晟所杀,晟遂自立。(注:晟因湖南马氏之乱,袭取桂、郴、贺等州)显德五年(注:958)卒,子铱嗣。事迹具《五代史》、《宋史》卷四八一。

南汉国虽偏小,特重中官。龑时三百余,晟至千余,至铱乃至七千余,又赋敛烦重。太祖问之于余延业,惊骇曰:"吾当救此一方之民。"

《长编》开宝三年九月(注:太祖即位之十一年,970)己亥朔,以潭州防御使潘美为贺州道行营兵马都部署,朗州团练使邺人尹崇珂副之,道州刺史王继勋为行营马军都监。仍遣使发诸州兵赴贺州城下。汉主遣龚澄枢驰驿往贺州宣慰。是月(注:《长编》是月纪日有误)癸丑(注:十五),遂围贺州(注:广西省①平乐、贺县)南汉主使伍彦柔(注:大臣欲遣潘崇彻不果)将兵来援。戊午,王师擒彦柔,斩之。城中人开门以纳王师。(注:《十国纪年》克贺州乃二十一日己未)十月,王师取昭州、桂州,十一月克连州,十二月至韶州。开宝四年正月克英、雄二州,南汉都统潘崇彻来降。二月辛未(注:初五),王师至白田,汉主素服出降。潘美承制释之,遂入广州。以露布告捷,己丑(注:

① 广西省政府,民国时期的广西政体,1926年6月1日成立。1949年12月,广西全境解放,国民政府广西省政府结束。

廿三日）至京师，庚寅，群臣称贺。凡得州六十，县二百十四，户十七万二百六十三。

刘铢至京师，宋太祖遣参知政事吕余庆问以翻覆及焚府库之罪。后主归罪龚澄枢、李托、薛崇誉（注：三人皆宦者）。明日有司以帛系后主颈及其官属献太庙、太社。太祖御明德门，遣摄刑部尚书卢多逊宣诏责后主，后主对曰："臣年十六僭伪位，澄枢等皆先臣旧人，每事臣不得专。在国时，臣是臣下，澄枢等是国主。"遂伏地待罪。太祖命摄大理卿高继申引澄枢、托、崇誉斩于千秋门外，释后主罪。太平兴国五年庚辰（注：980）负疾卒，年三十九。

计自唐天祐二年（注：905）烈宗为广州节度使至后主大宝十四年国灭（注：971），凡六十七年，要断自高祖乾亨元年为始（注：917），实五十五年也。（注：以上《十国春秋》）

六、平南唐

江南本吴旧地，据《十国春秋》云：自杨行密以唐昭宗景福元年（892）再入扬州，至天祚三年（注：937，晋天福二年即南唐烈祖升元元年）传四主凡四十六年而亡。

南唐烈祖李昇，初为杨行密养子，后以与大将徐温，冒姓徐氏，名知诰。升元元年十月，受吴主禅，国号大齐。（注：《十国春秋》从《南唐书》，《通鉴》即号唐国），三年改国号大唐，复姓李氏。七年（注：943，晋少帝天福八年）殂，子璟即位，是为元宗。保大十二年为周显德元年，正月周世宗即位，翌年十一月下诏南征，三年周克滁州，取扬州、泰州，旋复入唐。四年南征，克寿州，取泗、泰，五年取海州、楚州，入扬州，共克淮南十有四州，以江为界。唐主奉周正朔，遂罢兵。宋太祖初即位，遣使贡绢、银，贺即位，自是贡奉岁以为常。建隆二年，璟殁，子从嘉即位，是为后主。（注：《老学庵笔记》卷一：建康城，李景所作，其高三丈，因江山为险固，其受敌惟东北两面，而壕堑重复，皆可坚守。至绍兴间，已二百余年，所损不及十之一）

南唐本以金陵为西都，广陵为东都，自扬州入周，唐建洪州为南都（注：显德六年）。建隆二年二月，迁于南都。从嘉本监国金陵，六月，元宗晏驾，嗣立于金陵。

《长编》开宝三年冬：唐南都留守建安林仁肇密表言淮南诸州戍兵各不过千人。宋朝前年灭蜀，今又取岭表，往返数千里，师旅罢敝，愿假臣兵数万自寿春北渡淮，径据正阳，因思旧之民，可复江北旧境。彼纵来援，臣据淮对垒以御之，势不能敌。兵起之日，请以臣举兵外叛闻于宋朝，事成国家飨其利，败则族灭臣家，明陛下无二心。唐主惧无成功，徒速败，不从。（注：仁肇为朝廷所忌，窃其像悬之别室，令南使观之，谓其将来降。后主鸩杀仁肇。亦出《长编》。《长编》据《江南野录》及《十国纪年》也）

又，四年十一月，始去唐号，改印文为"江南国印"，赐诏呼名。

五年二月，上既平广南，渐欲经理江南。六年，卢多逊使江南，求江南地图。于是十九州之形势、屯戍远近、户口多寡，国信使卢多逊尽得之矣。归言江南衰弱可取状。上嘉其谋，始有意大用。

《宋史》言[①]：唐主酷信浮图法，出禁中金钱募人为僧。时都下僧及万人，皆仰给县官。唐主退朝，与后服僧衣、诵佛书，拜跪，手足成赘。帝闻其惑，乃选少年有口辩者，南渡见唐主，论性命之说。唐主信重，谓之一佛出世，由是不复以治国守边为意。

《长编》七年七月，初江南人樊若冰举进士不中第，上书言事不

----

① 丁注：此事不见于《宋史》，柴氏或据明陈邦瞻《宋史纪事本末》，而误题《宋史》。

报，遂谋北归。先钓鱼采石江上，以小舫载丝绳其中，维南岸，而疾棹抵北岸，以度江之广狭。凡数十往反，而得其丈尺之数，遂诣阙自言有策可取江南。上令学士院试，赐及第，授舒州团练推官。若冰告上以母及亲属皆在江南，恐为李煜所害，愿迎至治所。上即诏国主护送，国主听命。戊辰，召若冰为赞善大夫，且遣使诣荆湖，如若冰之策，造大舰及黄黑龙船数千艘，将浮江以济师也。

按：若冰，《宋史》卷二七六曰樊知古，本名若水，字叔清，因召见，上问之曰："卿名出何书？"对曰："唐尚书右丞倪若水亮直，臣窃慕之。"上笑曰："可改名'知古'。"知古顿首奉诏。倪若水实名"若冰"，知古学浅，妄引以对，人皆笑之。则若冰宜作若水。又按，《唐书》卷一二八，实作"若水"。恐樊原名若冰，故人笑之耳。（注：建隆元年，唐臣杜著、薛良以罪来奔，献平南策。帝方恶其不忠，斩著下蜀市，配良庐州牙校）

《长编》九月癸亥（注：十八）：命颍州团练使曹翰领兵先赴荆南。丙寅（注：廿一），复命宣徽南院使曹彬、侍卫马军都虞候洛阳李汉琼、判四方馆事田钦祚同领兵继之。上已部分诸将，而未有出师之名。欲先遣使召李煜入朝，遂遣李穆使江南。国主固辞，且言："谨事大国者，盖望全济之恩。今若此，有死而已。"

十月丙戌（注：十二），曹彬与诸将入辞，上谓彬曰："南方之事，一以委卿，切勿暴略生民，务广恩信①，使自归顺，不须即击也。"且以剑匣②授彬曰："副将以下，不用命者斩之。"潘美等皆失色，不敢仰视。自王全斌平蜀，多杀人，上每恨之，故专任焉。

甲辰（注：三十），以曹彬为升州西南面行营马步军战櫂都部署，潘美为都监，曹翰为先锋都指挥使。闰十月入池州，拔芜湖，克当

---

① 丁注："务广恩信"，《长编》卷一五作"务广威信"。

② 丁注："剑匣"，《长编》卷一五作"匣剑"。

涂。大败江南二万余众于采石。十一月，诏移石牌镇浮梁于采石矶，系缆三日而成，不差尺寸。王师过之，如履平地。初为浮梁，国主闻之，以语张洎，洎对曰："载籍以来，无有此事，此必不成。"国主曰："吾亦谓此儿戏耳。"（注：江南无战马，朝廷每岁赐与百匹，至是，驱为前锋，以拒王师。既获之，验其印记，皆朝廷所赐也）

十二月，金陵戒严，下命①去开宝之号，公私记籍，但称甲戌。

《宋史》卷四八〇《钱氏世家》：开宝五年，使黄夷简入朝贡，上谓之曰："汝归语元帅（注：俶），常训练兵甲。江南倔强不朝，我将发师讨之，元帅当助我，无惑人言云：'皮之不存，毛将安傅。'"及讨江南，以俶为升州东面招抚制置使，令丁德裕以禁兵步骑千人为俶前锋，尽护其军。李煜贻书于俶，其略曰："今日无我，明日岂有君？一旦明天子易地酬勋，王亦大梁一布衣耳。"俶不答，以书来上。八年，俶率兵拔常州。（注：润州亦吴越所拔，后改镇江军）

《长编》八年五月，初，陈乔、张洎为江南国主谋，请所在坚壁，以老王师。师入其境，国主弗忧也，日于后苑引僧及道士诵经讲易，高谈不恤政事。军书告急，非徐元瑀等皆莫得通。师薄城下累月，国主犹不知。时宿将皆前死，神卫统军都指挥使皇甫继勋者，晖之子也，年尚少，国主委以兵柄。继勋素贵骄，初无效死意，但欲国主速降而口不敢发。每与众言，辄云："北军强劲，谁能敌之。"闻兵败则喜见颜色，曰："吾固知其不胜也。"托以军中多务，罕入朝谒。国主召之，亦不时至。是月，国主自出巡城，见王师列寨城外，旌旗满野，知为左右所蔽，始惊惧。乃收继勋付狱杀之。军士争脔割其肉，顷刻都尽。继勋既诛，凡兵机处分皆自澄心堂宣出，实洎等专之也。于是，遣使召神卫军都虞候朱令赟以上江兵入援。令赟拥十万众屯

---

① 丁注："下命"，《长编》卷一五作"下令"。

湖口，不敢进。及入援，号十五万人，为刘遇生擒，由是孤城急危。（注：金陵未拔，上颇厌兵。侯陟自广陵来，言："江南平在旦夕。"遂寝异议）

是时，后主遣道士周惟简及徐铉赴阙无结果，未几，又遣入贡。铉言李煜事大之礼甚恭，徒以被病，未任朝谒，非敢拒诏也。乞缓兵以全一邦之命。其言甚切至，上与反覆数四，铉声气愈厉。上怒，因按剑谓铉曰："不须多言，江南亦有何罪，但天下一家，卧榻之侧，岂容他人鼾睡乎！"铉皇恐而退。

《长编》：王师围金陵，自春徂冬，居民樵采路绝，兵又数败，城中夺气。曹彬终欲降之，故每缓攻，累遣人告国主曰："此月（注：十一月）二十七日，城必破矣，宜早为之所。"国主终惑左右之言，以为城坚如此，岂可克日而破。于是，彬忽称疾不视事。诸将皆来问疾，彬曰："余之病非药石所愈，须诸公共为信誓，城破日不妄杀一人，则彬之疾愈矣。"诸将许诺，彬即病愈。乙未，城陷。（注：己巳朔，乙未正廿七日）煜奉表纳降，彬慰安之，且谕以归朝俸赐有限，费用至广，当厚自赍装①，既为有司所籍，一物不可复得矣。因复遣煜入宫，惟意所欲取。梁迥、田钦祚等皆谏曰："苟有不虞，咎将谁执？"力争不已。彬曰："煜素无断，今已降，必不能自引决，可亡虑也。"

十二月己亥朔，江南捷书至，凡得州十九，军三，县一百有八，户六十五万五千六十有五。（注：建康既下，彬令煜作书谕江南诸守城，皆相继归顺，独江州军校胡则与牙校宋德明杀刺史，据城不下②。曹翰攻之不克，自冬讫夏，死者甚众）

《十国春秋》卷一七：唐自丁酉年（注：937）烈祖改元升元，至后

---

① 丁注："厚自赍装"，《长编》卷一六作"厚自齑装"。

② 丁注："据城不下"，《长编》卷一七作"不降"。

主乙亥岁国灭^①，历三主，凡三十九年。

《文献通考·经籍考》：宋建隆初，三馆有书万二千余卷。开宝八年冬，平江南。明年春，遣太子洗马吕龟祥就金陵籍其图书，得二万卷，悉送史馆，自是群书渐备。《长编》兴国三年，上幸崇文院观书，召李煜等令纵观。上谓煜曰："闻卿在江南好读书，此中简策多卿家旧物，近犹读书否？"

王益之《职源》：国朝以史馆、昭文馆、集贤院为三馆，皆寓崇文院。

《崇文总目》即以南唐书籍为基本书者。

南唐后主留意笔札，所用澄心堂纸、李廷珪墨、龙尾砚，三物为天下之冠。

《南唐书》：后主置澄心堂于内苑，引能文士及徐元楀、元机兄弟居其间，中旨由之而出，中书、密院乃同散地。

南唐学者如徐铉、徐锴、乐史、陈彭年，文士如张洎、冯延巳、韩熙载，画家徐熙、董源（北苑使）、巨然，帖则有《升元法帖》，在《淳化阁》之前。

煜卒于太平兴国二年（977）七月^②，广国后一年余也。

七、附闽及吴越

福建自唐末为王潮、王审知所据，至晋开运二年（注：保大九年，945）王氏灭（注：王为唐所灭）。其后，留从效、陈洪进据漳、泉二州，

---

① 丁注：原作"乙酉"，开宝八年（975）为乙亥年，故改。
② 丁注：据《宋史》卷四七八《南唐李氏世家》、《长编》卷一九，李煜卒于太平兴国三年（978）七月。

及宋平江南，吴越钱俶入朝，太平兴国三年四月 ①，洪进朝京师，以漳、泉二郡献，凡为县十四，户十五万一千九百七十八。（注：吴越世奉中朝正朔，计三世五主，总九十四年。太平兴国三年以所部十三州一军、八十六县，户五十五万六百八十一，兵十一万五千三十六）

---

① 丁注：原作"太平兴国三年四月"，月字原脱，据《长编》卷一九补。

第二章 辽之兴起及宋辽之冲突

一、辽之先世 ^①

契丹有传，最初见《魏书》卷一、《北史》卷九四，嗣后《隋书》卷八四、《旧唐书》卷一九九、《新唐书》卷二一九、《旧五代史》卷一三七、《新五代史》卷七十二皆有《契丹传》。

契丹与库莫奚异种同类。《魏书》言：登国中，国军大破之。《北史》则云：为慕容晃所破。慕容晃卒于永和四年（注：《晋书》卷一〇九《载记》），是为西历 348 年。至五代之初，梁太祖开平元年（注：907）即辽太祖阿保机元年，已五百四十年。《北史》言：契丹俗与靺鞨同，好为寇盗，父母死而悲哭者以为不壮。但以其尸置于山树之上，经三年后乃收其骨而焚之，因酹酒而祝曰："冬月时向阳食，若我射猎时，使我多得猪鹿。"其无礼顽嚣，于诸夷为最甚。

《欧史》：契丹比佗夷狄尤顽傲，父母死以不哭为勇，载其尸深山，置大木上，后三岁往取其骨焚之，酹而呪曰："夏时向阳食，冬时向阴食，使我射猎猪鹿多得。"其风俗与奚、靺鞨颇同。

《欧史·四夷附录》多取胡峤《陷虏记》 ^②。胡峤为同州郃阳县令，曾为萧翰掌书记，随入契丹，居虏中七年，当周广顺三年（注：953），

17

---

① 《欧史》言"后魏以来名见中国"是也。

② 丁注：《欧史·四夷附录》原误作"四裔附录"。下文径改。

亡归中国。使《欧史》之言可信，则契丹之俗五百余年来无大进步可知矣。

夷狄无文化，由于无文字。契丹初无文字，《欧史》言，至阿保机稍并服旁诸小国，而多用汉人。汉人教之以隶书之半增损之，作文字数千，以代刻木之约。又制婚嫁、置官号，乃僭称皇帝，自号天皇王，以其所居横帐地名为姓，曰世里。世里，译者谓之耶律。

为阿保机谋主者曰韩延徽，安次人。《欧史·四夷附录》附及之。《辽史》卷七四有传。契丹居鲜卑之故地，北接室韦、东邻高丽、西界奚国、南至营州，唐末某部大人遥辇次立。时刘仁恭据幽州，数出兵摘星岭攻之。每岁秋霜落则烧其野草，契丹马多饥死，即以良马赂仁恭，求市牧地，请听盟约甚谨。八部之人以为遥辇不任事，选阿保机代之。

刘仁恭，深州人，《新唐书》卷二一二有传。乾宁二年（注：895），李克用表为卢龙节度使，后与克用绝。子守文，唐庄宗以为横海节度使，后与弟守光相攻（注：守光《（新）五代史》卷三九），为守光将元行钦所杀。守光以梁乾化元年（注：911）八月自号大燕皇帝。

《欧史》卷七二：梁将篡唐，李克用使人聘于契丹，阿保机以三十万会克用于云州东城。置酒，酒酣，握手约为兄弟。既归而背约，遣使者袍笏梅老聘梁。梁遣高颀（注：《通鉴》作"顾"）、郎公远报聘，约共举兵灭晋，克用闻之大恨。庄宗天祐十三年（916），阿保机攻晋蔚州，执其振武节度使李嗣本。庄宗遣李存矩至祁沟关，兵叛，拥偏将卢文进击杀存矩，亡入契丹。

为契丹谋者卢文进（注：《欧史》卷四八）。自其奔契丹也，数引契丹攻掠幽、蓟之间，虏其民人，教契丹以中国织纴工作无不备，契丹由此益强。为唐患者十余年，皆文进为之也。后投李昪。

《通鉴》：幽州北七百里有渝关，旧置八防御军，募土兵守之。

契丹至，闭壁不战，俟其去，选骁勇据隘邀之，契丹常失利。及周德威为卢龙节度使，恃勇不修边备，遂失渝关之险。契丹每刍牧于营、平之间。

韩延徽为幽州观察度支使，后守光为帅，延徽来聘，太祖怒其不屈，留之。述律后谏曰："彼秉节弗挠，贤者也，奈何困辱之。"太祖召与语，合上意，立命参军事。攻党项、室韦，服诸部落，延徽之筹居多，乃请树城郭、分市里，以居汉人之降者。又为定配偶、教垦艺，以生养之，以故逃亡者少。居久之，慨然怀其乡里，赋诗见意，遂亡归唐。已而与他将有隙，复来。上大悦，赐名曰匣列。匣列，辽言复来也。太祖初元，庶事草创，凡营都邑、建宫殿、正君臣、定名分，法度井井，延徽力也，为佐命功臣之一。

《通鉴》：延徽寓书于晋王：非不恋英主，非不思故乡，所以不留，正惧王缄之谗耳，因以老母为托。且曰：延徽在此，契丹必不南牧。故终同光之世，契丹不深入为寇，延徽之力也。

二、契丹与石晋之关系

石敬瑭初有反谋，身居晋阳，李崧、吕琦为唐主画策，欲岁以礼币十余万缗遗契丹求和。帝以其谋告枢密直学士薛文遇。文遇对曰："以天子之尊，屈身奉夷狄，不亦辱乎？又虏若循故事，求尚公主，何以拒之？"因诵戎昱《昭君诗》曰："安危托妇人。"帝意遂变。（注：《通鉴》天福元年）

（注：辽太祖以天显元年卒，即唐天成元年，西历926。太祖崩，皇后摄军国事。明年秋，治祖陵毕，十一月，德光即位）

《欧史》卷七二：庄宗之末，赵德钧镇幽州，置良乡、三河等县。

德光西徙横帐，出寇云朔之间。明宗患之，以石敬瑭镇守河东。

　　《通鉴》：石敬瑭遣间使求救于契丹。（注：时唐兵围晋阳）桑维翰草表称臣于契丹主，且请以父礼事之，约事捷之日，割卢龙一道及雁门关以北诸州与之。刘知远谏曰："称臣可矣，以父事之，太过。厚以金帛赂之，自足致其兵，不必许以土田，恐异日大为中国之患，悔之无及。"敬瑭不从。表至契丹，契丹主大喜，白其母曰："儿比梦石郎遣使来，今果然，此天意也。"乃为复书，许俟仲秋倾国赴援。

　　九月，契丹主将五万骑，号三十万，自扬武谷而南，旌旗不绝五十余里。辛丑，至晋阳，唐兵大败。敬瑭出北门，见契丹主。契丹主执手恨相见之晚。（注：阿保机长子突欲不得立，长兴元年[930]自扶余泛海奔于唐。明宗初赐其姓东丹，名慕华。后更曰李赞华）

　　冬十一月，契丹主谓石敬瑭曰："吾三千里来赴难，必有成功。观汝气貌识量，真中原之主也。吾欲立汝为天子。"敬瑭辞让数四，将吏复劝进，乃许之。契丹主作册书，命敬瑭为大晋皇帝，自解衣冠授之。筑坛于柳林。是日，即皇帝位，割幽、蓟、瀛、莫、涿、顺、檀、新、妫、儒、武、云、应、寰、朔、蔚十六州以与契丹，仍许岁输帛三十万匹。（注：《欧史》卷七二：册曰："咨尔子晋王，予视尔犹子，尔视予犹父。"《辽史》：太宗崩于大同元年，即晋开运四年[947]。太宗年四十六，则晋主即位时，德光方三十。盖石敬瑭崩于天福七年[942]，年五十二，则即位时已四十六矣。乃以德光为父，可唾也）

　　按：是时，唐遣赵德钧、赵延寿父子讨晋阳，厚以金帛赂契丹主云：若立己为帝，请即以见兵南平洛阳，与契丹为兄弟之国。契丹主欲许之。帝闻大惧，亟使桑维翰见契丹主，跪于帐前，涕泣争之。契丹主乃指帐前石谓德钧使者曰："我已许石郎，此石烂可改矣。"

　　《通鉴》：三年秋八月，帝上尊号于契丹主及太后。帝事契丹甚谨，奉表称臣，谓契丹主为父皇帝。每契丹使至，帝于别殿拜受诏敕。岁输金帛三十万之外，吉凶庆吊，岁时赠遗，玩好珍异，相继于道。乃至应天太后、元帅太子、伟王、南北二王、韩延徽、赵延寿等，皆有赂遗。小不如意，辄来责让。帝常卑辞谢之。晋使者至契丹，契丹骄倨，多不逊语。使者还，以闻，朝野咸以为耻。而帝事之曾无倦意。以是终帝之世与契丹无隙。然所输金帛，不过数县租赋，往往托以民困不能满数。其后，契丹主屡止帝上表称臣，但帝为书称"儿皇帝"，如家人礼。

十六州入契丹年月，《辽史》载于会同元年（注：938）十一月，晋遣赵莹奉表以十六州图籍来献。于是，诏以皇都为上京，府曰临潢。升幽州为南京，南京为东京。会同元年为天福三年。《欧史·本纪》于元年（注：936）十月即位后即以十六州入于契丹。二史何以相差二年，疑地方先为契丹取去，正式承认，乃在二年之后。

《通鉴》：天福七年十一月，出帝之初即位也。大臣议奉表称臣，告哀于契丹。景延广请改书称孙而不称臣。（注：景延广，《欧史》卷二九、《薛史》卷八八有传）李崧曰："屈身以为社稷，何耻之有。陛下如此，它日必躬擐甲胄与契丹战。于时悔无益矣。"延广固争，冯道依违其间。帝卒从延广议。契丹大怒，遣使来责让，且言："何得不先承禀，遽即帝位？"延广复以不逊语答之。契丹卢龙节度使赵延寿欲代晋帝中国，屡说契丹击晋，契丹主颇然之。

《通鉴》：初，河阳牙将乔荣从赵延寿入契丹，契丹以为回图使，往来贩易于晋，置邸大梁。及契丹与晋有隙，景延广说帝囚荣于狱，悉取邸中之货。凡契丹之人贩易在晋境者，皆杀之，夺其货。大臣皆言契丹有大功于晋，不可负。戊子，释荣，慰赐而归之。荣辞延广，延广大言曰："归语而主，先帝为北朝所立，故称臣奉表。今上乃中国所立，所以降志于北朝者，正以不敢忘先帝盟约故耳。为邻称孙，足矣，无称臣之理。北朝皇帝勿信赵延寿诳诱，轻侮中国。中国士马，尔所目睹，翁怒则来战，孙有十万横磨剑，足以相待。它日为孙所败，取笑天下，毋悔也。"荣自以亡失货财，恐归获罪，且欲为异时据验，乃曰："公所言颇多，惧有遗忘，愿记之纸墨。"延广命吏书其语以授之，荣具以白契丹主。契丹主大怒，入寇之志始决。

契丹主集山后及卢龙兵合五万人，使赵延寿将之，委延寿经略中国，曰："若得之，当立汝为帝。"又常指延寿谓晋人曰："此汝主也。"延寿信之，由是为契丹尽力，画取中国之策。（注：《辽史》卷四：命赵延寿等由沧、恒、易、定分道而进，大军继之）

开运元年正月，赵延寿、延照寇贝州，入雁门，至黎阳，攻郓州、邢州。（注：《辽史》本纪作"延昭"）契丹以羸兵驱牛羊过祁州城下。刺史下邳沈斌出兵击之。契丹以精骑夺其门，州兵不得还。赵延寿知城中无余兵，引契丹急攻之；斌在上，延寿语曰："沈使君，吾之故人。'择祸莫若轻'，何不早降。"斌曰："侍中父子失计陷身虏庭，忍帅犬羊以残父母之邦；不自愧耻，更有骄色，何哉！沈斌弓折矢尽，宁为国家死耳，终不效公所为！"明日城陷，斌自杀。（注：开运二年二月乙亥）（注：三道入寇）

按：是时，晋亦未尝不可战。如开运元年，德光西出雁门，攻并、代，刘知远击败之于秀容。南攻贝州，兵及黎阳。出帝亲征，李守贞等于马家渡击败契丹。二年（注：会同八年[945]），契丹与杜重威战于阳城卫邨。（注：《通鉴》作白团卫村，《辽史》同）契丹大败，德光骑一白橐驼而走。此战《辽史》本纪亦载"失利"，足证为事实。当时，晋将如符彦卿、张彦泽、药元福、皇甫遇皆奋勇直前。及次年十二月，重威、守贞、彦泽等率所部二十万众降契丹，出帝不得不出降矣。

《欧史》卷七二载：德光以手诏赐帝曰："孙儿但勿忧，管取一吃饭处。"

又（注：开运四年）德光入封丘门，登城楼，遣通事宣言谕众曰："我亦人也，可无惧。我本无心至此，汉兵引我来尔。"正月乙未，德光被中国冠服，百官常参起居如晋仪，而氈裘左衽，胡马奚车，罗列阶陛，晋人俛首不敢仰视。二月丁巳①，改晋国为大辽国。开运四年为会同十年。

又德光常许赵延寿灭晋而立以为帝，故契丹击晋，延寿常为先锋，虏掠所得，悉以奉德光及其母述律。德光已灭晋而无立延寿意，延寿不敢自言，因李崧以求为皇太子。德光曰："吾于燕王无所爱惜，虽我皮肉，可为燕王用者，吾可割也。皇太子是天子之子，燕王岂可为之？"乃命与之迁秩。后德光至临洺，见其井邑荒残，笑谓晋人曰："致中国至此，皆燕王为罪首。"又顾张砺曰："尔亦有力焉。"德光行至栾城，得疾，卒于杀胡林。（注：四年 [947] 四月，德光卒于栾城）

刘知远天福六年拜河东节度使，开运三年封北平王。契丹犯京师，出帝北迁。二月戊辰，河东行军司马张彦威等上笺劝进。辛未，即皇帝位，称天福十二年。六月，改国号汉，十一月丁丑崩。

周世宗显德六年（注：即辽穆宗应历九年 [959]）取益津、瓦桥、淤口三关，收瀛、莫二州，于是十六州中国得其二。

三、宋、辽与北汉之错综关系

当周太祖即位时，刘崇自立于太原。（注：崇，知远之弟，隐帝遇害，郭威立赟。赟即崇子也）《新五代史》于崇之入寇皆曰"来讨"。周世宗显德元年有高平之战，北汉败。（注：北汉，《新五代史》作"东汉"）

---

① 丁注："丁巳"原作"丁丑"。百衲本亦作"丁丑"。修订本点校《新五代史》据元宗文书院本、《旧五代史》卷九九及《通鉴》卷二八改。此从之。

刘崇闻其子赟死，即皇帝位，赍重币结契丹，自言与周有隙，愿如晋祖故事，约为父子。（注：《欧史》卷七〇《世家》：约为父子之国，称侄皇帝，以叔父事之而已）契丹主许之，遣政事令晋王耶律述轧、上枢使高勋，策崇为大汉神武皇帝（注：《宋史》卷二四一《世家》），自是数侵晋、绛。（注：刘崇有十州之地）高平之败，崇单骑遁归，由是丧气，不敢出师。

显德元年，崇卒，子钧袭位，潜结江南、西川为外援。六年冬，钧结契丹侵周。明年正月，周命太祖北征，至陈桥驿，众推戴太祖即位，钧与契丹皆遁去。（注：钧即位时，辽已为穆宗矣）

刘旻（注：即崇），独乘契丹黄骝自雕窠岭间道驰去，归为黄骝治厩，饰以金银，食以三品料，号"自在将军"。（注：《欧史》卷七〇《世家》）（周世宗取三关，契丹亦遣使向北汉告急，幸世宗即班师。遂以无事）

旻初谓张元徽曰："顾我是何天子，尔亦是何节度使。"故其僭号仍称乾祐。钧立，改乾祐十二年为天会元年。

根据《十国春秋》卷一〇四《世祖本纪》所载，契丹第一次与北汉会兵南侵，为乾祐四年（注：951）九月，汉李存瓌自团柏击周。辽欲引兵来会，与诸将议于九十九泉，诸将皆不欲南行，辽主强之。癸亥，行次新州之西火神淀，燕王述轧及伟王之子太宁王讹僧作乱，弑其君兀欲，齐王述律代立。自火神淀入幽州。

是年冬十月甲辰，辽遣彰国节度使萧禹厥率兵五万来会，帝帅兵二万出阴地关攻晋州。周王峻引兵救晋州（注：晋州，山西临汾），契丹兵思归，闻峻至宵遁。至晋阳，士马什丧三四。禹厥耻无功，钉大将一人于市，十日而斩焉。

乾祐五年六月，帝以周人犯边，遣使求援于辽，辽主命中台省右相高模翰赴之。十二月，高模翰及我兵围晋州。

乾祐七年春，周主殂。帝遣使于辽，谋大举伐周。二月，辽遣武

24

定节度使杨衮将铁马万骑及奚诸部兵五六万人号称十万来会于晋阳。帝自将兵三万与契丹兵南出团柏，乘胜逼潞州。周主亲征行，帝大败，自高平被褐戴笠乘契丹所赠黄骝率百余骑由雕窠岭间道驰去。是役也，衮畜怒，按兵西偏不战，故独全军而返。

《十国春秋》卷一〇五：初宋太祖常因界上谍者谓帝曰："君家与周世仇，宜其不屈，今我与尔无所间，何谓困此一方民。若有志于中国，宜下太行以决胜负。"帝遣谍者复命曰："河东土地兵甲，不足以当中国之十一，然钧非家世叛者，区区守此，盖惧汉氏之不血食也。"太祖哀其言，笑谓谍者曰："为我语钧，开尔一路，以为生。"故终其世不至大举加兵焉。（注：此本《宋史》卷四八二，此条用《长编》开宝元年）

钧卒于乾德六年（注：968）。时契丹遣使责钧曰："尔不禀我命，其罪三：擅改年号一也；助李筠有所觊觎二也；杀段常三也。"钧皇恐曰："父为子隐，愿赦罪。"契丹不报。钧以势力窘迫，忧愤成疾，卒。子继恩嗣立。（注：继恩称嗣于契丹，契丹许之，然后即位）

继恩初即位，宋以李继勋为行营都部署伐之。甫六十日，继恩为侯霸荣所弑。郭无为立其弟继元，改元广运，复结契丹为援。

开宝二年，太祖亲征。（注：《宋史》卷四八二。此事《长编纪事本末》"亲征河东"条适缺。库本《长编》乃有之）

何继筠败契丹于阳曲北。南城为汾水陷，水注城中。太常博士李光赞上言："时属炎蒸，候当暑雨，倘河津泛溢，道路阻艰，辇运稽留，恐劳宸虑。"太祖览奏甚喜，欲班师。军校赵翰等叩头，愿乘城急击，以尽死力。太祖曰："汝曹我所训练，无不以一当百。我宁不取太原，岂忍驱汝曹冒锋镝而蹈必死之地乎？"遂班师。

九年八月，又用兵，太宗即位召诸将还。

太平兴国四年（注：979），车驾亲征，以骁将郭进扼石岭关，断

25

契丹援路。契丹果至，进击败之。潘美等数十万兵长围四合，自春徂夏，矢石如雨，昼夜不息。五月五日，继元出降。

刘崇称帝，历四主，二十九年而亡。

宋与契丹通好，始于《宋史·本纪三》：开宝七年十一月辛丑，令知雄州孙全兴答涿州修好书。八年三月己亥，契丹遣使克沙骨慎思以书来讲和。七月，遣阁门使郝崇信、太常丞吕端（注：《宋史》卷二八一）使契丹。嗣后，贺正旦、生辰之使往来不绝。太祖崩，告哀于契丹，契丹亦遣使贺即位，来会葬。直至太平兴国四年（979），宋伐北汉，又与契丹冲突。太原既下，南北遂至决战。

四、宋辽之决战

《长编》太平兴国三年十月：初太祖别置封桩库，尝密谓近臣曰："石晋苟利于己，割幽燕以赂契丹，使一方之人独限外境，朕甚悯之。欲俟斯库所蓄满三五十万，即遣使与契丹约。苟能归我土地民庶，则当尽此金帛，充其赎直。如曰不可，朕将散滞财，募勇士，俾图攻取耳。"会晏驾，不果。

四年五月丁未，次镇州。初，攻围太原累月，馈饷且尽，军士罢乏。会刘继元降，人人有希赏意，而上将遂伐契丹，取幽蓟。诸将皆不愿行，然无敢言者。殿前都虞候崔翰独奏曰："此一事不容再举。乘此破竹之势，取之甚易，时不可失也。"上悦，即命枢密使曹彬议调发屯兵。六月庚申，车驾北征，发镇州。次定州，遣使告祀北岳，上作《悲陷蕃民诗》，令从臣和。丁卯，次岐沟关（注：即东易州）。戊辰，次涿州。庚午，次幽州城南，驻跸于宝光寺，部分诸将攻城：

宋偓　　南面　　刘遇　　东面

崔彦进　北面　　孟元喆　西面

潘美、曹翰、米信

秋七月甲申，上以幽州城逾旬不下，士卒疲顿，转输回远，复恐契丹来救，遂诏班师。车驾夕发，命诸将整军徐还。

按《宋史·太宗本纪》，七月癸未，帝督诸军及契丹大战于高梁河，败绩。甲申，班师。则《长编》所记有掩饰也。

《辽史》卷九，景宗乾亨元年六月，宋主来侵[①]。丁卯，北院大王奚底、统军使萧讨古、乙室王撒合击之，战于沙河，失利。（注：耶律撒合，乙室部人，拜乙室大王）己巳，宋主围南京。丁丑，诏谕耶律沙及奚底、讨古等军中事宜。秋七月癸未，沙等及宋兵战于高梁河。少却，休哥、斜轸横击，大败之。宋主仅以身免。至涿州，窃乘驴车遁去。甲申，击宋余军，所杀甚众，获兵仗、器甲、符印、粮馈、货币不可胜计。

（注：《长编》：契丹畏杨业，每望见业旗，即引去）

《辽史》卷八三《耶律休哥传》：乾亨元年，宋侵燕。北院大王奚底、统军使萧讨古等败绩，南京被围。（注：北院大王掌部族军民之政，原名迭剌部夷离堇，太祖分迭剌部为南北二院。太宗改夷离堇为大王，次序在宰相、枢密院之下。此所谓北面中央官也）帝命休哥代奚底将五院军往救，遇大敌于高梁河，与耶律斜轸分左右翼击败之，追杀三十余里，斩首万余级。休哥被三创。明旦，宋主遁去，休哥以创不能骑，轻车追至涿州，不及而还。（注：《休哥传》亦言：小儿夜啼，可以休哥止之）

高梁河之战，宋辽第一次大会战也。《宋史》讳言败绩，北宋之兵力当可再举，故又有第二次大会战。

《长编》是年八月，契丹大侵镇州。刘延翰、崔彦进、李汉琼、

27

---

① 丁注：宋主来侵"主"原作"祖"，据《辽史》卷九改。

崔翰等败之，斩首万余。镇州，今正定也。（注：此捷《休哥传》亦言韩匡嗣败绩）

宋初文人大抵不欲用师。兴国五年，太宗复有北伐之意。李昉所谏止也。六年，田锡亦进封事，其意皆谓："沙漠穷荒，得之无用"也。

宋辽第二次大战在雍熙三年。

《长编》雍熙二年二月丙戌[①]，上谓宰相曰："朕览史书，见晋高祖求援于契丹，遂行父事之礼，仍割地以奉之，使数百万黎庶陷于契丹。敌人贪婪，啖之以利可耳，割地甚非良策。朕每思之，不觉叹惋。"宋琪等奏曰："方今亭障肃清，生灵安泰，皆由得制御之道。恢复旧境，亦应有时。"上然之。

雍熙三年伐契丹，其劝者为知雄州贺令图等，言契丹主年幼，国事决于其母，其大将韩德让宠幸用事，国人疾之。请乘其衅以取幽燕。上以令图等言为然，始有意北伐。（注：见《长编》卷二七）

当时，宋臣中最知边事者为宋琪，时为刑部尚书。琪本燕人，究知敌帐车马、山川形胜，上平燕之策。（注：具见《长编》卷二七，三年二月）大要主秋冬守境，以逸待劳。阳春启候，北敌计穷，逼而逐之，必自奔北。又云，奚、霫、渤海之国，被胁从役，常怀骨髓之恨，宜各选重望亲嫡，封册为王，以分其力。

三年出兵，分三路：

米信　　出雄州　西北道都部署、杜彦珪副[②]

田重进　出飞狐　定州路都部署

潘美　　出雁门　云朔应等州都部署、杨业为副

以曹彬为幽州道行营前军马步水陆都部署

---

① 丁注："雍熙二年"本作"雍熙元年"，据《续资治通鉴长编》改。

② 丁注：杜彦珪副"杜彦圭"本作"崔彦进"，据《宋史》卷五、《宋太宗实录》卷三五改。

最初，宋军屡胜，如：

潘美克寰州、朔州、应州、云州；

曹彬克涿州；米信破敌于新城；

田重进至蔚州，敌军守将多降者。

《长编》卷二七云：是役也，边民之骁勇者竞团结以袭敌，或夜入城垒斩取首级来归。上闻而嘉之，下诏募民有能纠合应援王师者，资以粮食，假以兵甲，禽敌中酋豪者随职名高下补署，自是应募者益众。潘美遣使部送应、朔将吏、耆老赴阙，上召见慰抚之。老人皆云："久陷边陲，有粟不得食，有子不得存养，不意余年重睹日月。"并赐以衣服冠带。

此次出兵，太宗本命诸将先趋云、应，嘱彬持重缓行，俟敌萃劲兵于幽州，则不暇为援于山后。既而潘美果下寰、朔、云、应，田重进又取飞狐、灵丘、蔚州，多得山后要害之地。彬亦收涿州，留十余日，食尽乃退，师至雄州。上闻大骇，亟命勿复前。而彬所部诸将闻美及重进累战获利，自以握重兵不能有所攻取，谋画蜂起，更相矛盾。彬不能制，乃裹五十日粮再往攻涿州。彬虽复得涿州，时方炎暑，军士疲乏，所赍粮又不继，乃复弃之，还师境上。又拥涿州城中老幼而南。彬军退无行伍，为敌所蹑。五月庚午，至岐沟关北，敌追及之，彬军大败，涉巨马河，人畜相蹂践而死者甚众。上闻彬军败，乃诏彬及崔彦进、米信入朝，田重进率全军驻定州，潘美还代州。

《辽史》卷八三《耶律休哥传》：统和四年，宋复来侵，其将范密、杨业出云州，曹彬、米信出雄、易，取岐沟、涿州，陷固安，置屯。时北南院、奚部兵未至，休哥力寡，不敢出战，夜以轻骑出两军间，杀其单弱。设伏林莽，绝其粮道。曹彬等以粮运不继，退保白沟，月余复至。休哥以轻兵薄之。闻太后军至，彬等冒雨而遁。太后益以锐卒。追及之，彼力穷，环粮车自卫。休哥围之。至夜，彬、信以数骑亡去，余众悉溃。追至易州东，宋师尚有数万，濒沙河而爨。促兵往击之。宋师望尘奔窜，堕岸相踩死者过半，沙河为之不流。太后旋斾，休哥收宋尸为京观，封宋国王。（注：时辽圣宗即位，萧太后当国）

太宗第二次与辽决战，本意欲使契丹之党远遁沙漠，然后控扼险固，恢复旧疆。奈何将帅不遵成算，为戎所袭。（注：见《赐赵普手诏》）故曹彬等至京，皆诣尚书省就鞫，各有贬降。

其最可惜者为杨业之死。业从潘美取应、朔等州，奉命退军，本无问题。是年八月，初徙云、朔、寰、应四州民，诏潘美、杨业护送。时萧后与其大臣耶律汉宁复陷寰州，业欲出大石路，先次应州，蔚州刺史王侁沮之。乃引兵自石峡路趋朔州，嘱设伏陈家谷为援，力战至暮，至谷口，望见无人，为敌所禽。子延玉与岳州刺史王贵俱死焉。业不食三日而死。自此以后，魏博以北，虏骑时至。

第三章　宋初制度

一、官制

宋代官制，可分三期，国初、元丰改制、南宋以后是也。

宋初官制，大部袭唐、五代之旧。《宋史》卷一六一《职官志序》云：宋承唐制，三师、三公不常置，宰相不专任三省长官，尚书、门下并列于外，又别置中书禁中，是为政事堂，与枢密对掌大政。天下财赋，内庭诸司，中外筦库，悉隶三司（注：度支、盐铁、户部）。中书省但掌册文、覆奏、考帐；门下省主乘舆八宝、朝会板位、流外考较，诸司附奏挟名而已。台、省、寺、监，官无定员，无专职，悉皆出入分莅庶务。故三省、六曹、二十四司，类以他官主判，虽有止官，非别敕不治本司事，事之所寄，十亡二三。故中书令、侍中、尚书令不预朝政，侍郎、给事不领省职，谏议无言责，起居不记注；中书常阙舍人，门下罕除常侍，司谏、正言非特旨供职亦不任谏诤。至于仆射、尚书、丞、郎、员外，居其官不知其职者，十常八九。

其官人授受之别，则有官、有职、有差遣。官以寓禄秩、叙位著，职以待文学之选，而别为差遣以治内外之事。其次又有阶、有勋、有爵。故仕人以登台阁、升禁从为显宦，而不以官之迟速为荣滞；以差遣要剧为贵途，而不以阶、勋、爵邑有无为轻重。时人语曰："宁登

31

瀛，不为卿；宁抱椠，不为监。"虚名不足以砥砺天下若此。

大凡一品以下，谓之"文武官"；未常参者，谓之"京官"；枢密、宣徽、三司使副、学士、诸司而下，谓之"内职"；殿前都校以下，谓之"军职"。外官则有亲民、厘务二等，而监军、巡警亦比亲民。

甲、宰相

宋初以"中书门下"同平章事为宰相，无常员，有二人则分日知印。以丞、郎以上至三师为之。其上相为昭文馆大学士、监修国史，其次为集贤殿大学士。或置三相，则昭文、集贤二学士并监修国史，各除。国初，范质昭文，王溥监修国史，魏仁浦集贤，此三相例也。（注：《涑水记闻》：淳化中，太宗患中书权太重，用向敏中言，分中书吏房置审官院，刑房置审刑院）

乾德二年，设参知政事，为宰相之副（注：是时方以赵普为相），以枢密直学士薛居正、兵部侍郎吕余庆并本官参知政事。初时不押班，不知印，不升政事堂。开宝六年，始与宰相同议事。至道元年，参政与宰相轮班知印，同升政事堂。押敕齐衔，行则并马，自寇准始。

至以亲王、枢密使、留守、节度使兼侍中、中书令、同平章事者，皆谓之使相。不预政事。

乙、枢密使

枢密院在唐乃宦官在内庭出纳诏旨之地。昭宗时，朱温诛宦官，始以蒋元辉为唐枢密使。至后唐时，郭崇韬（注：庄宗）、安重海（注：明宗）为使，任重于宰相。晋高祖时桑维翰为使，汉隐帝时郭威为使，其势可知。至宋初中书主政，枢密主兵，称为二府。

宋辽金史讲义　资治通鉴介绍　32

枢密使下设副使（注：亦命知院事、同知院事），资浅则命签书枢密院事。

宋初有宣徽南北院使，掌内诸司及三班、内侍之籍，绍圣后停。

丙、三司使

宋初沿五代之制，置使以总国计，应四方贡赋之入，朝廷不预，一归三司。通管盐铁、度支、户部，号曰"计相"。位亚执政，其恩数、廪禄，与参、枢同。太平兴国八年，分为三使。淳化四年，复置使一员，下有副使、判官。至元丰官制行，始罢三司使，并归户部。

丁、诸路转运使

宋初，分天下为十五路，以转运使领诸路事。

十五路者：

一京东；二京西；三河北；四河东；五陕西；

六淮南；七江南；八荆湖南；

九荆湖北；十两浙；十一福建；十二西川

十三峡路；十四广南东；十五广南西。

天圣析为十八路（注：史无明文，以志、传参考之），分江南为东西两路，川峡为益、梓、利、夔四路也。川峡之分在咸平四年。

都转运使、转运使、副使掌经度一路财赋而察其登耗有无，以足上供及郡县之费，宋人称曰漕司，亦称漕臣。

按：宋人称转运为漕司，安抚为帅司，提点刑狱为宪司，提举常平为仓司。

宋（都）转运使除掌财赋外，兼掌举刺官吏之事。注选守臣。宋

33

人贡举，亦称漕试。

戊①、知府州军

诸府置知府事一人，州、军、监亦如之。

若河南、应天、大名府，则兼留守司公事。

通判，《宋史》卷一六七《职官志》：乾德初，下湖南，始置诸通判，命刑部郎中贾玭等充。建隆四年，诏知府公事并须长吏、通判签议连书方许行下。时大郡置二员，余置一员，州不及万户不置。武臣知州，小郡亦特置焉。

己、俸禄

宋代俸禄优厚。《廿二史劄记》卷二五有专条论之。正俸钱米之外，有职钱，又有元随傔人衣粮、餐钱，又有茶酒厨料、薪蒿炭盐、饲马刍粟、米面羊口，外官又有公用钱、职田，其待士大夫可谓厚矣。

其年老退职，则有祠禄之官。自真宗时始，职为提举宫观。《廿二史劄记》卷二五有专条。

二、选举

宋代入仕之途有三：

---

① 丁注：原作"丁"，据上下次序改。

甲、科举 [①]

科举有常科、制科之分，大率承唐代制度，然亦有改革。

进士之科，所谓常科也。宋初科举，年限初无定制。宋初每岁一试，仁宗至和二年，始定令间岁一科举。英宗治平二年，又定令三岁一科，此后世三年一乡、会试之始也。

《燕翼诒谋录》：国初进士，尚仍唐制，每岁多不过二三十人。太平兴国二年，以郡县阙官颇多，放进士几五百人。

《宋史》卷一五五《选举志》：太平兴国八年，进士始分三甲。景德四年，命有司详定考校进士程式。考第之制凡五等，上二等曰及第，三等曰出身，四等、五等曰同出身。

《燕翼诒谋录》：旧制，殿试皆有黜落，临时取旨，或三人取一，或二人取一，或三人取二，故有累经省试取中，屡摈弃于殿试者。故张元以积忿降元昊，大为中国之患。于是，群臣建议，归咎于殿试黜落。嘉祐二年三月，诏进士与殿试者皆不黜落，迄今不改。

（注：赐宴名闻喜宴）

誊录始于景德（注：《选举志》），糊名始于仁宗，见《能改斋漫录》。

开宝三年，有特奏名之例，年老者则有赐同出身。

武举恢复在仁宗之世。（注：天圣七年）

制科，即特科。宋初始置贤良方正、能言极谏，经学优深、可为
师法，详闲吏理、达于教化三科。

《涑水记闻》：真宗方设制科，陈越、王曙为之首。其后夏竦等数人皆以制科进。天圣六年复置，皆自投牒献所著文论，差官考校。中者召诣阁下，试论六首，中选则于殿廷试策一道，五千字以上。其

---

① 原稿仅有"甲"一项，似有"乙、制举；丙、荫补"，未述。

中选者不过一二人，然数年之后，即为美官。

博学宏词科为绍兴三年立。

《通考》引石林叶氏曰：故事，制科分五等，上二等皆虚，惟以下三等取人。然中选者亦皆第四等。独吴正肃公尝入第三等。后未有继者。至嘉祐中，苏子瞻、子由乃始皆入第三等。已而子由以言太直，为考官胡武平所驳，欲黜落，复降为第四等。

第四章　变法与党争

一、王安石简谱（据蔡上翔《王荆公年谱考略》）

宋真宗天禧五年辛酉生。

宝元二年己卯，十九岁。父益卒，年四十六。

庆历二年壬午，廿二岁。登杨寘榜进士第四名。是年，签书淮南判官。

《石林燕语》：宰相同在第一甲者，惟杨寘审贤榜，王禹玉珪、韩子华绛、王荆公安石，三人又皆连名，前世未有也。

庆历六年丙戌，年二十六，在京师。

庆历七年丁亥，廿七岁，调知鄞县。

知鄞为公一生事业基础。史称其"起堤堰、决陂塘，为水陆之利。贷谷与民，立息以偿，俾新陈相易，邑人便之"。此即异日行青苗之法也。

皇祐二年庚寅，卅岁，归临川。

皇祐三年辛卯，卅一岁，通判舒州。

是岁，文潞公以韩维、王安石并荐。

皇祐四年壬辰，卅二岁，通判舒州。

范文正公卒于五月。四月王安仁（注：荆公长兄）葬。去年卒，年卅七。

皇祐五年癸巳，卅三岁，通判舒州。

至和元年甲午，卅四岁。

再辞集贤校理。

至和二年乙未，卅五岁，曾公亮参政，有《上曾参政书》。

嘉祐元年丙申，卅六岁，为群牧判官。

是岁，作《桂州新城记》云：侬智高反南方，出入十有二州。十有二州之守吏，或死或不死，而无一人守其州者。岂其材皆不足欤，盖夫城郭之不设，甲兵之不戒，虽有智勇，犹不能以胜一日之变也。

有《执政书》。欧阳公荐包拯、张璪、吕公著、王安石。

嘉祐二年丁酉，卅七岁，知常州、提点江东刑狱。

嘉祐三年戊戌，卅八岁。

《上仁宗皇帝言事书》。

嘉祐四年己亥，卅九岁，提点江东刑狱。

是年三月，罢榷茶。

嘉祐五年庚子，四十岁。入为三司度支判官。

嘉祐六年辛丑，四十一岁。六月知制诰。

《上时政疏》。安礼登进士第。

嘉祐八年癸卯，四十三岁。知制诰。帝崩。

母吴氏卒于京师。《辨奸论》伪作。李穆堂（注：李绂）以为《邵氏闻见录》伪作。

治平元年甲辰，四十四岁。在江宁居丧。

治平三年丙午，四十六岁。苏明允卒，五十八岁。

治平四年丁未，四十七岁。出知江宁府，除翰林学士。

二月，子雱登进士，调旌德尉。

司马光为翰林学士。濮议。

熙宁元年戊申，四十八岁，越次入对。安国进士。

上《本朝百年无事劄子》。

熙宁二年己酉，四十九岁，参知政事。

乞制置三司条例。吕诲论安石。

熙宁三年庚戌，五十岁，参知政事。

散青苗钱，禁抑配。始策进士，罢诗赋论三题。

公婿蔡卞进士。

孙觉、吕公著、张戬、程颢、李常上疏极言新法。

《东轩笔录》：吴孝宗对策诋新法，既而为《巷议》，议新法之善。

（注：李穆堂辟《邵氏闻见录》之妄）

十二月，立保甲法。韩绛、王安石同中书门下平章事。

熙宁四年辛亥，五十一岁，同中书门下平章事。

请鬻天下广惠仓田为三路及京东常平仓本。

罢诗赋及明经、诸科，以经义、论策试士，旋复明经。

欧阳修致仕。

罢差役，使出钱募役。

熙宁五年壬子，五十二岁。

以内藏库钱置市易务。行保马法。

置熙河路。颁方田均税法。上《五事劄子》（注：和戎、青苗、保甲、免役、市易）。

熙宁六年癸丑，五十三岁，诏兴水利。王韶复熙河路。

熙宁七年甲寅，五十四岁。行方田法。同平章事。

上《乞解机务劄子》六上，手诏留居京师。

以观文殿学士知江宁府。安国卒。

熙宁八年乙卯，五十五岁。

正月，窜郑侠于英州。二月，以王安石同中书门下平章事。

六月，颁王安石诗、书、周礼义于学官。

六月，以王安石为尚书左仆射兼门下侍郎。

韩琦薨。十月，吕惠卿罢知陈州。罢手实法。

熙宁九年丙寅，五十六岁。七月，王雱卒。

十月，王安石罢判江宁府。

熙宁十年丁巳，五十七岁。

六月，以使相为集禧观使。

元丰元年戊午，五十八岁。

以集禧观使居钟山。

正月，以王安石为尚书左仆射、舒国公、集禧观使。

元丰二年己未，五十九岁。

五月，蔡确参知政事。

元丰三年庚申，六十岁。

章惇参知政事。

九月，以王安石特进，改封荆国公。

元丰四年辛酉，六十一岁，居钟山。

元丰五年壬戌，六十二岁。

翰林学士王安礼为尚书右丞。

元丰六年癸亥，六十三岁。

曾巩卒。安礼为左丞。

元丰七年甲子，六十四岁。安礼罢。

元丰八年乙丑，六十五岁。

三月，上崩，年三十八。

以蔡确为尚书左仆射兼门下侍郎。

章惇知枢密院，司马光为门下侍郎。

吕公著为尚书左丞。

罢义仓。罢方田。

元祐元年丙寅，六十六岁。

二月，修《神宗实录》。

蔡确罢，以司马光为尚书左仆射兼门下侍郎。

章惇罢。

罢诸州常平管勾官。

四月，王安石薨。

八月，罢青苗钱。

九月，司马光薨。

苏轼为翰林学士知制诰。

二、新法纷争之经过

《名臣言行录》后录六：王安石所遣新法使者，皆刻薄小人，急
于功利，遂至决河为田，坏人坟墓、室庐、膏腴之地不可胜纪。青苗
虽取二分之利，民请纳之费至十之七八。又公吏冒民，新旧相因，其
弊益繁。保甲、保马尤有害，天下骚然，不得休息。独役法新旧差募
二议俱有弊。吴、蜀之民以雇役为便。公与温公皆早贵，少历州县，
不能周知四方风俗，故公主雇役，温公主差役。

苏内翰、范忠宣，温公门下士，复以差役为未便。章子厚（惇），
荆公门下士，亦以雇役为未尽。三人虽贤否不同，皆聪明晓吏治，兼
知南北风俗，其所论甚公，各不私于其所主。元祐初，温公复差役，
改雇役，子厚议曰："保甲、保马一日不罢有一日害，如役法则熙宁
初以雇役代差役，议之不详，行之太速，故后有弊。今复以差役代雇
役，当详议熟讲，庶几可行。而限止五日，太速，后必有弊。"温公
不以为然。子厚罪去，蔡京者知开封府，用五日限尽改畿县雇役之法

为差役。白温公，公喜曰："使人人如待制，何患法不行。"

子厚入相，复议以雇役改差役，置司讲论久不决。蔡京兼提举，白子厚曰："取熙宁、元丰法施行之耳，尚何讲为？"子厚信之，雇役法遂定。

公尝自议新法始终言可行者，曾布也；始终言不可行者，司马光也。余皆前叛后附，或出或入。

党争

元祐元年，司马光为尚书左仆射、门下侍郎。诏韩维、吕大防、孙永、范纯仁详定役法。吕公著门下侍郎，李清臣尚书左丞，吕大防右丞，范纯仁同知枢密院事①，吕公著中书侍郎，文彦博平章军国重事。吕惠卿落职，苏轼知制诰。许熙宁以来得罪者自言。

元祐二年，安焘知枢密院，颁元祐敕令式，吕大防左仆射、门下侍郎，范纯仁右仆、中侍，孙固门下侍郎，刘挚中书侍郎，王存尚书右丞，胡宗愈右丞。

元祐四年，贬蔡确英州别驾，安置新州。

刘挚、朱光庭、王岩叟攻蔡确、章惇。朱光庭并攻韩缜，韩缜又攻蔡确、章惇、邢恕。孙觉并攻韩、蔡。苏辙亦攻韩、蔡、章，王岩叟攻安焘。林旦攻邓绾（前御史中丞）。二年，傅尧俞、王岩叟攻李德刍。

元祐五年，苏辙有反对调停之论。吕大防、刘挚建言欲引用元丰党人以平旧怨，谓之调停。

元祐六年，吕大防上《神宗实录》。

① 丁注：范纯仁同知枢密院事"同知枢密院事"原作"知枢密院事"，据《宰辅编年录》卷九及《宋史》卷一七改。

元祐七年。

元祐八年，宣仁太后薨。蔡确卒。

绍圣元年，章惇为尚左门下。范纯仁罢。（注：哲宗十七岁）

同修国史蔡卞请重修《神宗实录》。（注：命章惇提举）

苏轼落职知英州。

曾巩绍述者李清臣。

曾布请以《王安石日录》载之《神宗实录》。

后免改法。

曾布同知枢密院事。

除进士引用王安石《字说》之禁。

张商英请夺司马光、吕公著赠谥，王岩叟赠官。

诏大臣朋党司马光以下各轻重议罚，布告天下，余悉不问。

绍圣二年，许将左丞。蔡卞右丞。

绍圣三年，范祖禹、刘安世在元祐中构造诬谤。祖禹责昭州别
驾，贺州安置，安世新州别驾①、英州安置。

绍圣四年，文彦博薨。刘挚卒。

元符元年，章惇进《神宗帝纪》。

元符二年，章惇等进新修敕令式，惇读于帝前，其间有元丰所无
而用元祐敕令修立者，帝曰："元祐亦有可取乎？"惇等对曰："取其
善者。"

元符三年。

徽宗建中靖国元年，贬章惇。

崇宁元年，蔡确配享哲宗庙庭。

蔡京尚书左丞。赵挺之右丞。

---

① 丁注：安世新州别驾"新州别驾"原作"英州别驾"，据《宋大诏令集》卷二〇八改。

曾布罢。李清臣罢。

蔡京右仆射、中书侍郎。籍元祐党百二十人。

蔡卞知枢密院事。

崇宁二年，诏党人子弟毋得到擅到阙下。

毁《唐鉴》、三蔡、苏、黄文集。

令天下立元祐党碑。

王安石配享孔庙。重定党籍通三百九人。

第五章 辽之衰落及金之兴起

一、辽之诸帝（共 210 年，九主 [916—1125]）

太祖	梁贞明二年称帝	十一年
太宗		二十一年
世宗	太祖长子突欲之子	四年（察割反，帝遇弑，年三十四）
穆宗	太宗长子，荒于酒，嗜杀	十八年（应历十年为宋太祖建隆元年。十九年为近侍所弑，三十九）
景宗	世宗第二子	十四年（与宋大战高梁河）
圣宗	太后辅政，复国号大契丹，统和凡二十九年、开泰九、太平十	四十八年（年十二即位，辽以圣宗时为最强）
兴宗		二十四年
道宗	改国号为辽	四十六年
天祚	道宗孙	二十四年

二、金之先世

金之先世，《金史》卷一《世纪》云：出靺鞨氏。靺鞨本号勿吉，古肃慎地也。元魏时，勿吉有七部，曰粟末部，曰伯咄部，曰安车骨部，曰拂涅部，曰号室部，曰黑水部，曰白山部。隋称靺鞨，而七部并同。唐初，有黑水靺鞨、粟末靺鞨，其五部无闻。粟末靺鞨始附高丽，姓大氏。李勣破高丽，粟末靺鞨保东牟山，后为渤海，称王，传十余世。有文字、礼乐、官府、制度，有五京、十五府、六十二州。黑水靺鞨居肃慎地，东濒海，南接高丽，亦附于高丽。尝以兵十五万众助高丽拒唐太宗，败于安市。开元中来朝，置黑水府，以部长为都督、刺史，置长吏监之，赐都督姓李氏，名献诚，领黑水经略使。其后渤海盛强，黑水役属之，朝贡遂绝。五代时，契丹尽取渤海地，而黑水靺鞨附属于契丹。其在南者籍契丹，号熟女直，其在北者不在契丹籍，号生女直。生女直地有混同江、长白山。混同江亦号黑龙江，所谓白山黑水是也。（注：女真之改女直在辽道宗朝。以兴宗名为宗真，女真避讳为女直。《北盟会编》三言之）

《三朝北盟会编》卷三：契丹阿保机乘唐衰乱，开国北方，并吞诸蕃三十有六，女真其一焉。阿保机虑女真为患，乃诱其强宗大姓数千户移至辽阳之南，以分其势，使不得相通。迁辽阳著籍者名曰合苏款，所谓熟女真者是也。自咸州之东北分界，入山谷至于粟沫江，中间所居，隶属咸州兵马司，许与本国往来，非熟女真亦非生女真也。自粟沫江之北，宁江之东北，地方千余里，户口十余万，散居山谷间，依旧界外野处，自推雄豪酋长，小者千户，大者数千户，则谓之生女真。极边远而近东海者，则谓之东海女真。多黄发，鬓皆黄，目睛绿者，谓之黄头女真。其人戆朴勇鸷，不能辨生死。女真每出战，皆被以重铠，命前驱，名曰硬军。种类虽一，居处绵远，不相统属，自相残杀，各争雄长。

又，本朝建隆二年，始遣使来贡方物，多名貂皮，自此无虚岁，或一岁再至。雍熙中，来诉契丹置三栅屯兵，绝其朝贡之路，乞遣兵平之。真宗为降诏抚谕而不发兵。又尝讼高丽诱契丹侵其疆。高丽盛言女真贪残不可信。大中祥符三年，契丹往伐高丽，过其国，乃与高丽合拒契丹。女真众才一万，而弓矢精强，又善为冰城，以水沃而成冰，坚不可上，契丹大败，丧师而还。至仁宗朝，遂不复通中国。

据《金史·世纪》与洪皓《松漠纪闻》所载，九代名字不一。（注：《金史·世纪》：凡《丛言》、《松漠纪》、张棣《金志》皆无足取）

《金史》	《纪闻》	改译（如《续通志》等）
始祖函普	九代龛福	哈富
德帝乌鲁	八代讹鲁	乌噜
安帝跋海	七代侎海	巴哈
献祖绥可（注：耕垦树艺，始有栋宇之制）	六代随阔	绥赫
昭祖石鲁（注：《金史·世纪》：生女真之俗，至昭祖时稍用条教，民颇听从，尚未有文字，无官府，不知岁月晦朔，是以年寿修短莫得而考焉）	五代实鲁	舒鲁
景祖乌古廼（注：称都太师始此。年五十四）（注：生女直旧无铁，景祖时，邻国有以甲胄来鬻者，倾赀厚贾以与贸易）	高祖胡来	乌古廓
世祖劾里钵（注：五十四）	曾祖核里	和哩布
肃宗，世祖母弟颇剌淑（注：五十三）	曾叔祖浦剌束	颇拉淑
穆宗，肃宗母弟盈歌（注：南人称扬割，殆因盈歌讹传，五十一）	曾季祖杨哥	额噜温
康宗（注：世祖子）乌雅束（注：五十三）	伯祖吴剌束	乌雅舒

三、辽金之关系

《辽史·太祖纪》：唐天复三年（注：903）癸亥春月^①，伐女直下

---

① 丁注：查《辽史》，"月"为衍字。

之，获其户三百。

六年十一月，遣偏师讨奚霤诸部及东北女直之未附者，悉破降之。

《太宗纪》：天显二年至十二年，女直遣使来贡五次。

会同元年至九年，女直来贡十一次。

《穆宗纪》：应历中，女直来贡三次。

至景宗之世，女直已侵辽边境，掳掠边民。（注：始保宁五年［即开宝六年］，973）

圣宗统和元年（注：983）冬十月，以征讨高丽为名，出兵，路由高丽之界，以伐女直，见《圣宗纪》。然《长编》卷七四，大中祥符三年（注：1010）十一月，宋镇将李允则言：“顷年契丹加兵女真。女真众才万人，所居有灰城，以水沃之，凝为坚冰，不可上，距城三百里，焚其积聚，设伏于山林间以待之。契丹既不能攻城，野无所取，遂引骑去，大为山林之兵掩袭杀戮。今契丹趋辽阳伐高丽，且涉女真之境，女真虽小，契丹必不能胜也。”

四、阿骨打之叛辽

《辽史·天祚纪》：天庆二年二月，如春州，幸混同江钩鱼。界外生女直酋长在千里内者以故事皆来朝。适遇头鱼宴，酒半酣，上临轩命诸酋次第起舞，独阿骨打辞以不能，谕之再三，终不从。阿骨打混同江宴归，疑上知其异志，遂称兵，先并旁近部族。

《金史·太祖纪》：岁癸巳（注：天庆三年，1113，宋政和三年）十月，康宗即世，太祖袭位为都勃极烈。既而辽命久不至。辽主好畋猎淫酗，怠于政事，四方奏事往往不见省。二年，辽使使来致袭节度使之命。初，辽每岁遣使市名鹰“海东青”于海上，道出境内，使者贪纵，征索无艺，公私厌苦之。

海东青事，金景祖时已有之，为女直对辽之贡物。

《契丹国志·天祚帝纪》：至天祚朝，赏刑僭滥，禽色俱荒，女真东北与五国为邻，五国之东邻大海，出名鹰，自海东来者谓之海东青。小而俊健，能擒鹅鹜，爪白者尤以为异。辽人酷爱之，岁岁求之女真。女真至五国，战斗而后得。女真不胜其扰。及天祚嗣位，责贡尤苛，又天使所至，百般需索于部落，稍不奉命，召其长加杖，甚者诛之。诸部怨叛，潜结阿骨打，举兵伐辽。

海东青事，《大金国志》、《东都事略》、《北盟会编》、《松漠纪闻》皆载之。

女真叛辽之原因，诸书所载：

一、辽求海东青，女真不胜其扰；

二、辽使及沿边诸帅需索贿赂，侮辱酋长；

三、辽使奸淫妇女，侮及阀阅；（注：《纪闻》）

四、纳女真叛人阿疎；（注：《太祖纪》）

五、天祚荒淫，为女真所轻视。

五、辽金决裂后战争

（一）宁江州之役（注：宁江州，辽东京道，吉林乌剌城东北，混同江东岸）（注：地理据《类编》）

《辽史·天祚纪》：天庆四年春正月，初女直起兵。七月，遂发浑河北诸军益东北路统军司。阿骨打乃与弟粘罕、胡舍等谋，集女直诸部兵，擒辽障鹰官。及攻宁江州，东北路统军司以闻。时上在庆州

（注：辽上京道，巴林西北一百三十里）射鹿，闻之略不介意。遣海州刺史高仙寿统渤海军应援。萧挞不也遇女直，战于宁江东，败绩。

《金史·太祖纪》：敌大奔，相蹂践者十七八。进军宁江州。十月朔，克其城。

《大金国志·太祖纪》：阿骨打之十三年（注：即天庆四年），始破辽国于宁江州。用粘罕、胡舍等为谋主，银尤割、移烈、娄宿、阇母为将帅，侵混同江之东，名宁江州。

此次女真获胜，半由辽之轻忽，半由战术，详《契丹国志》。

（二）出河店之役

天庆四年十一月。

（三）黄龙府之役

天庆五年，阿骨打即帝位，取黄龙府。

（四）护步答岗之役

《金史·太祖纪》：收国元年十一月，辽主闻取黄龙府，大惧，自将七十万至駞门。驸马萧特末、林牙萧查剌等将骑五万、步四十万至斡邻泺。上自将御之。追及辽主于护步答岗。是役也，兵止二万。上曰："彼众我寡，兵不可分。视其中军最坚，辽主必在焉。败其中军，可以得志。"使右翼先战，兵数交，左翼合而攻之。辽兵大溃。我师驰之，横出其中。辽师败绩。死者相属百余里。

辽五京：

上京临潢府

东京辽阳府

南京析津府（注：故汉地）

西京大同府（注：故汉地）

中京大定府（注：汉辽西地，奚国也）

第六章 金之侵宋

50 一、宋与女真之历史关系[①]

二、宋联女真灭辽

宋徽宗政和元年（注：辽天庆元年［西1111]）九月，遣端明殿学士郑允中充贺辽主生辰使，宦者童贯副之。贯既破西夏，取横山，遂谓辽亦可图，因请使辽，以觇其国。童贯，《宋史》卷四六八有传。

《宋史》卷四七二《赵良嗣传》：良嗣，本燕人马植，世为辽国大族，仕至光禄卿，行汙而内乱，不齿于人。政和初，童贯出使，道卢沟，植夜见其侍史，自言有灭燕之策，因得谒，童贯与语，大奇之，载与归，易姓名曰李良嗣。荐诸朝，即献策曰："女真恨辽人切骨，而天祚荒淫失道。本朝若遣使自登、莱涉海，结好女真，与之相约攻辽，其国可图也。"议者谓祖宗以来，虽有此道，以其地接诸蕃，禁商贾舟船不得行，百有余年矣。一旦启之，惧非中国之利。徽宗召见，问所来之因，对曰："辽国必亡，陛下念旧民遭涂炭之苦，王师一出，必壶浆来迎。万一女真得志，先发制人，后发制于人，事不侔

① 按：柴德赓先生讲稿只存标题。

矣。"帝嘉纳之，赐姓赵氏，以为秘书丞，图燕之议自此始。

《长编纪事本末》卷一四二《金盟上》：政和七年七月，女真苏州（注：苏州：今辽宁金县）汉儿高药师、曹孝才及僧郎荣等率其亲属二百余人以大舟浮海欲趋高丽避乱，为风漂达我界馳基岛，备言女真既斩高永昌（注：六年十一月事），渤海、汉儿群聚为盗，契丹不能制。女真攻契丹，累年夺其地，已过辽河之西。知登州王师中具奏其事。朝廷固欲交女真图契丹，闻之甚喜，乃诏蔡京及童贯等共议。即共奏："国初时，女真尝贡奉，而太宗皇帝屡诏市马女真，其后始绝。宜降诏遵故事，以市马为名，就令访闻事体虚实。"

按：高药师第一次赍市马诏北行，《长编》及《会编》皆云在是年八月三日，二十二日至彼境。北岸相望，女真巡海人兵多，不敢下船，几为逻者所害，遂复回。至青州，已八年正月三日矣。

《长编纪事本末》卷一四二：重和元年二月庚午，遣武义大夫马政（注：马政，洮州人，马扩之父。《茆斋自叙》记此事甚详）同高药师等使女真讲买马旧好。委童贯措置。政与平海指挥军员呼庆等随高药师、曹孝才以闰九月乙卯初六日下海，才达北岸，为逻者所执。至阿骨打所居，其用事人曰粘罕、曰阿忽、曰兀室。粘罕、兀室，阿骨打之侄，而阿忽其长男也，皆呼为郎君。诘问海上遣使之由，政以实对。阿骨打与众议数日，遂质登舟（注：当作州）。小校王美、刘亮等六人，发渤海人李善庆、熟女真散都、生女真勃达三人赍国书并北珠、生金、貂革、人参、松子同马政等来，以十二月乙卯初三日至登州。登州遣赴阙。

宣和元年正月丁巳，女真李善庆、散都、勃达入国门，馆于宝相院。居十余日，遣朝议大夫、直秘阁赵有开，武义大夫马政，忠翊郎王瓌充使副，赍诏书、礼物与善庆等渡海聘之。瓌，师中子也。有开与善庆等至登州，未行而有开死。会河北奏得谍者，言契丹已割辽东地，封女真为东怀王，且妄言女真常祈契丹修好，诈以其表闻。乃诏马政等勿行，止差呼庆持登州牒送善庆等归。六月戊寅，呼庆等至阿骨打军前，阿骨打及粘罕等责以中辍，且言登州不当行牒。拘留呼庆凡六月。阿骨打寻与粘罕、兀室议，复遣呼庆归。临行，语曰："跨海求好，非吾家本心，吾家已获大辽数路，其他州郡，可以俯拾。所以遣使人报聘者，欲交邻耳。暨闻使回，不以书来，而以诏诏我，此已非其宜，使人虽卒，自合复遣，止遣汝辈，此尤非礼，足见翻悔。本欲留汝，念过在汝朝，非汝罪也。归见皇帝，若果欲结好，请早示国书，或仍用诏，决难从也。"十二月二十六日，呼庆离阿骨打军前，朝夕奔驰。明年正月，乃至京师。

二年二月四日，遣中奉大夫、右文殿修撰赵良嗣，忠训郎王瓌使金国。童贯时受密旨图契丹，欲假外援，因建议遣良嗣及瓌持御笔往，仍以买马为名，其实约阿骨打夹攻契丹，取燕云旧地。面约不赍国书。夹攻之约，盖始于此。

第七章　南宋建国及与金和战经过

一、高宗即位前后之形势 [1]

　　高宗为徽宗第九子，靖康元年正月，金人犯京师，军于城西北，遣使入城，邀亲王、宰臣议和军中。朝廷方遣同知枢密院事李梲使金，议割太原、中山、河间三镇，遣宰臣授地，亲王送大军过河。钦宗召帝谕指，帝慷慨请行。遂命少宰张邦昌为计议使，与帝俱。金帅斡离不留之军中旬日。二月，会京畿宣抚使、都统制姚平仲夜袭金人砦不克，金人见责，邦昌恐惧涕泣，帝不为动，斡离不异之，更请肃王。肃王至军中，帝始得还。十月，王云自金归，言金人坚欲得地。十一月，诏帝使河北，尊金主为伯，上尊号十八字，与门下侍郎耿南仲及子延禧至磁州。宗泽请留，钦宗拜帝为河北兵马大元帅，知中山府陈亨伯为元帅，汪伯彦、宗泽为副元帅。建炎元年（注：即靖康二年）正月，帝至东平。二月，次济州。时帅府官军及群盗来归者号百万人，分屯济、濮诸州府，而诸路勤王兵不得进。二帝已在金人军中。

　　三月丁酉，金人立张邦昌（注：邦昌，《宋史》卷四七五，刘豫。邦昌即位仅四十余日）为帝，称大楚。丁巳，斡离不退师，徽宗北迁。四月，

粘罕退师，钦宗北迁。癸亥，邦昌尊元祐皇后为宋太后，遣人至济州访帝，又遣吏部尚书谢克家来迎。宗泽言："南京乃艺祖兴王之地，取四方中，漕运尤易。"遂决意趋应天。（注：乙酉，张邦昌至）五月庚寅朔，帝登坛受命，礼毕恸哭，遥谢二帝，即位于府治，改元建炎。

高宗即位以后，河南、陕西皆未失陷，山东、河北、河东之地，亦有一部保存。宗泽为东京留守，杜充为北京留守，张所为河北西路招抚使，王璪为河东经制使，钱盖为陕西经制使。范琼、王渊、刘光世、张俊、韩世忠为将。（注：宰相黄潜善、汪伯彦。李纲为张浚论罢）

初，拟巡幸南阳，然即位之初，即杀陈东、欧阳澈最失人心。十月，帝幸淮甸。

二年正月，帝在扬州。金人陷邓州，犯东京。以刘豫知济南府。二月，宗泽请帝还阙。七月，宗泽薨。十二月，刘豫降金，金人犯青州。是冬，杜充决黄河，自泗入淮，以阻金兵。

三年春，帝在扬州，金人陷徐州。二月，金兵陷天长军，帝被甲驰幸镇江府，金游骑至瓜洲。王渊请幸杭州，金人焚扬州。罢黄、汪。（注：失太庙神主）

三月，苗傅、刘正彦叛，杀王渊及内侍康履以下百余人，迫帝逊位于皇子魏国公，请隆祐太后垂帘同听政。张俊至平江，张浚约吕颐浩、刘光世、韩世忠。四月，帝始复位。苗、刘遁死（七日伏诛）。五月乙酉，帝至江宁府，起复洪皓为大金通问使。八月己未，太后发建康，奉神主如江表。

宋辽金史讲义 资治通鉴介绍

《宋史》卷三一五《韩维传》：帝幸旧邸，进资政殿学士。曾巩当制，称其纯明亮直，帝令改命词。维知帝意，请提举嵩山崇福宫。

上感悟，即命维草诏求直言，其略曰："意者听纳，不得于理与？狱讼非其情与？赋敛失其节与？忠言谠论郁于上闻，而阿谀壅蔽以成其私者众与？"诏出，人情大悦。

《宋史》卷三一四《范纯仁传》：全台言苏轼行吕惠卿告词，讪谤先帝，黜知英州。纯仁上疏曰："熙宁法度皆惠卿附会王安石建议，不副先帝爱民求治之意。至垂帘之际，始用言者，特行贬窜，今已八年矣。言者多当时御史，何故畏避不即纳忠，今乃有是奏，岂非观望邪？"

《宋史》卷三九一《周必大传》：除秘书少监、兼直学士院、兼领史职。郑闻草必大制，上改窜其末，引汉宣帝事。必大因奏曰："陛下取汉宣帝之言，亲制赞书，明示好恶。臣观西汉所谓社稷臣，乃鄙朴之周勃，少文之汲黯，不学之霍光。至于公孙弘、蔡义、韦贤，号曰儒者，而持禄保位。故宣帝谓'俗儒不达时宜'。使宣帝知真儒，何至杂伯哉。"

附录一　宋辽金史习题

1. 述蜀洛朔三党（邵伯温《邵氏闻见录》）。
2. 王安石所变诸法要略。
3. 南宋初使金者。
4. 南宋初诸将战功之比较。
5. 新旧党争中过岭人物考。
6. 宋真宗与天书。
7. 宋徽宗与道教。
8. 北宋学人生卒年表（以儒林、文苑、道学传为主）。
9. 宋辽交聘使臣录。
10. 宋对契丹之边防。

（本文由苏州大学社会学院丁义珏整理）

附录二　潜知斋读书记 [①]

1. 李方叔

宋李廌字方叔，华州人。李格非字文叔，济南人。二人者，生同时，文齐名，同为苏轼所知，《宋史》又同在四百四十四卷《文苑传》。廌作《祭东坡文》云："道大莫容，才高为累。皇天后土，鉴平生忠义之心；名山大川，还千古英灵之气。识与不识，谁不尽伤；闻所未闻，吾将安放。"朱弁《曲洧旧闻》所称"人无贤愚，皆能诵之"者也。格非撰《洛阳名园记》，邵博《闻见后录》十七卷载之，《宋史》本传故撮记其语，不相混也。毛晋《津逮秘书》于《洛阳名园记》题华州李廌撰，《四库提要》已辨其误，不知陈眉公《宝颜堂秘笈》本亦题华州李廌撰。《四库提要》引王士禛《居易录》曾见书前有绍兴张琰德和序，首称山东李文叔，以证《洛阳名园记》必为格非之作，语已可省。至谓序已佚去，则《宝颜堂秘笈》本固存张序，作《四库提要》时实未考《宝颜堂秘笈》本也。

2. 二十七

元代行杖，以七为断。初不解其故，及阅阮葵生《茶余客话》，

---

① （1）柴先生引书，并非完全照抄原文，而是时有节略或改动，整理之时，对此均酌加引号。(2)柴先生手稿眉批，则以页下注"柴眉批"的形式标明。(3)手稿中明显的误字，均径改。又，整理稿蒙友人宋健兄审阅一过，并荷指正，谨致谢忱。

述元世祖之语曰：天饶他一下，地饶他一下，我饶他一下，故十则以七，百则以九十七。说似矣，惜不知其何据。偶读裴庭裕《东观奏记》："崔罕为京兆尹，内园巡官不避马，杖之五十四方死。上赫怒，令与远郡。宰臣论救，上曰：'罕为京兆尹，锄强抚弱，是其职任。但不避马，便杖之可矣，不合问知是内园巡官，方决，一错也；又人臣之刑，止行二十七，过此是朕刑也。五十四杖，颇骇闻听！'"止行二十七杖，又不知是何规制也。

3. 西瓜

明祁骏佳《遯翁随笔》云："《古本草》不载西瓜，偶读五代郃阳令胡峤传云：峤于回纥得瓜种之，结实如斗，味甘，名曰西瓜。是西瓜至五代时方入中国，故不见于《古本草》也。《文选》'浮甘瓜于清泉'，当是甜瓜之类。"又见杨慎《丹铅总录》卷四云："余尝疑《本草》瓜类中，不载西瓜，后读五代郃阳令胡峤《陷虏（虏字俗本讹作庐）记》云：峤于回纥得瓜，种以牛粪，结实大如斗，味甘，名曰西瓜。是西瓜至五代始入中国也。《文选》'浮甘瓜于清泉'，盖指黄瓜、甜瓜耳。"乃知祁氏全袭升庵之语，臆改《陷虏记》为《胡峤传》，不料《五代史》本无此传。《陷虏记》大略撮取于《四裔附录》中，祁氏殆未之见。文人剽窃割碎，其可笑如此。又见胡侍《真珠船》云："西瓜，《尔雅》、《本草》、《齐民要术》及诸类书并不载，知昔所无。《草木子》云：'元世祖征西域，中国始有种。'余按：五代时胡峤《陷虏记》云：'真珠寨东，行数十里，入平川，始食西瓜，云契丹破回纥，得此种。以牛粪覆棚而种，大如中国冬瓜，而味甘。'又文文山《西瓜吟》云：'拔出金佩刀，切破苍玉瓶。千点红樱桃，一团黄水晶。'不始于元世祖。"以余观之，胡峤食瓜，未必定携种入中国，故洪皓《松漠纪闻》谓自皓奉使归，始得其种，莳之禁圃乡囿也。

4. 木灯檠

周密《癸辛杂识》载宋末杨琏真伽发宋帝陵，徽、钦二陵，皆空无一物。徽陵有朽木一段，钦陵有木灯檠一枚而已。赵翼《陔余丛考》卷二十，极辨木灯檠之不可信，谓绍兴二十六年，钦宗殁于金，至乾道七年三月，金人以一品礼葬钦宗于巩洛之原，自后无归丧之事，安得有木灯檠之语。余按：钦宗葬巩洛，柩未南还。明沈德符《敝帚轩剩语》已先辨之。黄百家《至兰亭寻冬青树记》则谓"公谨之朽木灯檠，事固有之。但以邢后（高宗后，同徽宗梓宫还）为钦宗，误矣。钦宗遗殖实未尝南还。"赵氏殆未见二家之说也。万斯同辑南宋诸陵遗事、黄百家寻冬青旧址，亦不知正统间会稽人赵伯恭奏孝宗、理宗殡宫在会稽，安定郡王坟在诸暨，福王夫妇坟在山阴，被豪民侵为田宅及樵牧其中，上乃戍豪民于辽东边卫事。黄、万诸公，亦岂未见《敝帚轩剩语》耶？又《癸辛杂识》云先是选人杨炜贻书执政，乞取神椟之最下者斲而视之。《敝帚轩剩语》则以为王之道事，不知何所据？

5. 隋有二彦琮

援庵师示余元和孙德谦《汉书艺文志举例》，其"人名易混者加注例"一条云："《唐志》僧彦琮，《大唐京寺录》注隋有二彦琮。"按：著《崇正编》者隋彦琮。著《大唐京寺录传》者唐彦悰，原注云："龙朔人，并隋有二彦琮。"并隋者，连隋计，有二彦琮，非谓隋有二彦琮也。孙氏省去并字，则隋有二彦琮，而作《大唐京寺录传》者，唐人耶？隋人耶？又彦琮、彦悰，本自有别，此则《唐书》已混而为一矣。

6.《论语》十三篇

郑振铎著《中国文学史》，自负甚高，然识者鄙之。如以郑板桥为福建兴化人，人咸知其误。余见其第七章《辞赋时代》谓扬雄摹古，"甚至《论语》十三篇，他的《法言》也是十三篇"。《论语》二十篇，虽乡曲陋儒，尚能道之，乃曰十三篇，闻所未闻矣。余按：《汉书·扬雄传》云撰《法言》十三卷，象《论语》，郑氏盖误以为象《论语》者，与《论语》尽同也。世安有胶柱鼓瑟之病，一至于此哉！

7. 颁金

李清照《金石录后序》云："先侯疾亟时，有张飞卿学士持玉壶过视侯，其实珉也。不知何人传道，遂妄言有颁金之语。或传亦有密论列者。余大惶怖，又不敢遂已，尽将家中所有铜器什物，欲赴外庭投进。"颁金二事，久不得其解。年前台静农君曾谓见一旧本，作颁金。当时亦颇然之。迄今细思，亦不可信。丙丁之际，欲为金人臣妾而不可得。钦宗上大金皇帝徽号，至云崇天继统昭德定功敦仁体信修文偃武光圣皇帝，颂之至矣。安所得罪？余按：《靖康纪闻》：靖康二年正月十四日，"恭候大驾者，云集于南薰门，有榜云：应民间金银，限十五日前纳入官。出限不纳、私有藏匿者，并依军法。自今后不许以金为首饰、器皿等。及出旧新城候门，遍行天下"。则清照所谓颁金者，乃颁白之颁，以白金为壶，显违诏令，故曰其实珉也，而云传颁金者，妄也。

8. 彭门

韦庄《秦妇吟》云："仍闻汴路舟车绝，又道彭门自相煞。野色

徒销战士魂，河津半是冤人血。"自张应麟《秦妇吟校辑》^①疑指彭门
为四川之彭门山后，周某作《秦妇吟注》^②因之不改，世遂不知其非。
余按：彭门，即彭城。盖彭城之一门也。《旧五代史·梁祖纪》："文
德元年九月，移兵伐徐。十月，遣朱珍领兵与时溥战于吴康镇，徐人
大败，连收丰、萧二邑，溥携散骑驰入彭门，闭壁坚守。""景福二年
四月丁丑，庞师古下彭门，枭时溥首以献。皆其地也。"^③《新五代史》
已削去之。为古今地名辞典者，又不知搜求，注书者遂以四川之彭门
山当之，昧矣。

9. 农工商学兵

自北伐军兴，以军队为革命之先锋，举凡开会标语，率以农工
商学兵五字连举。是则四民之外，又增一民矣。余按：袁褧《枫窗小
牍》云："古人称士农工商为四民，今有六民。真宗初即位，王禹偁
上五事，有云：'古者井田之法，农即兵也。今执戈之士，不复事农。
是四民之外，又一民也。自佛教入中国，度人修寺，不耕不蚕，而具
衣食。是五民之外，又一民也。'"则宋人已有此说。惟王氏所谓四民
之外有二民，谓其不事生产也。李泰伯《富国策》又以佣书雇纳、巫
医卜相、倡优豢养之徒，并不入四民之数，亦王氏之意。与今之五民
并列异也。

10. 曾几

陆放翁《老学庵笔记》卷八云："张邦昌既死，有旨月赐其家钱

---

① 整理者按：即 Lionel Ciles 撰，张萌麟译：《〈秦妇吟〉之考证与校释》，《燕京学报》1927
年第 1 期。

② 整理者按：即周云青：《秦妇吟笺注》，商务印书馆 1934 年版。

③ 柴眉批：东坡《河复》诗序云："彭门城下水二丈八尺，七十余日不退。"又《答吕梁仲屯
田》："乱山合沓围彭门，官居独在悬水邨。"是宋时尚有此称也。

十万，于所在州勘支。曾文清公为广东漕，取其券缴奏，曰：'邦昌在古，法当族诛，今贷与之生足矣，乃加横恩如此，不知朝廷何以待伏节死事之家？'诏自今勿与。予铭文清墓，载此事甚详，及刻石，其家乃削去，至今以为恨。"按：曾文清者曾几也。《渭南文集》卷三十二有墓志铭，然亦无缴奏张邦昌赐钱券事。放翁集经手编，何以有此疏漏。岂因既载之《笔记》中，遂不重出耶？《宋史》卷三八二《几传》，取资墓志，然删削移置颇有不当，文笔亦远逊也。

11. 晁宗悫

《宋史》卷三〇五《晁迥传》："子宗悫，字世良。"邵氏《南江札记》据《南丰集》谓宗悫父名遘，则宗悫非迥子矣。然余按《元丰类稿》四十六《光禄少卿晁公墓志铭》："公姓晁氏，其家先济州之钜野人，今为开封祥符人。皇考讳遘，尚书驾部员外郎，赠开府仪同三司、吏部尚书。皇祖佺，赠太傅。皇曾祖讳宪，赠某官。公讳宗恪，字世恭。少以世父太子少保、赠某官、谥文元、讳迥，恩补将作少监簿，十四迁至光禄少卿。"则邵先生误以宗恪为宗悫，世父为父矣。岂其所见《元丰集》本有讹误欤？又《晁迥传》云："世为澶州清丰人，自其父佺，始徙家彭门。"与《元丰集》不同。《宋史·文苑·晁补之传》亦云济州钜野人，是史有抵误。子固为宗恪女夫，其言自可信也。

12.《宋史翼》一人二传

陆心源《宋史翼》补传至七百八十一人，可谓勤矣。然刺取各家墓志、方志多见谬误。最可笑者，沈度已见于卷廿一《循吏传》，又见于卷二十四《儒林传》，二传互有详略。《循吏传》以为仪真人，《儒林传》以为武康人，不似出一手。三十卷书尚致重出，然则《宋史》四百九十六卷，仅重出李熙靖、程师孟二传，犹未足病也。

13.《元丰类稿》

《四部丛刊》影印诸书，以集部为佳，然集部中如元刊黑口本《元丰类稿》触纸尽讹字，不能卒读。亦殊可不也。《元丰类稿》卷四十二《王容季墓志》谓容季卒蔡州新蔡县簿，及为其母曾氏撰墓志，则谓：同，陈州宛丘县令；囧，蔡州新蔡县主簿。同即容季也。按：同父名平，母曾为曾公亮女弟，同兄弟五人，回、向、固、同、囧。按文似非刊本之误，子固偶不检点耳。《宋史》谓同仕止于县主簿，盖本之容季墓志也。

14.《养新录》论黄裳

《养新录》"宋人同姓名"条："黄裳，一字冕仲，延平人，元丰状元；一字文叔，剑门人，南渡有传；又有政和中福州知州黄裳，见《渭南文集》，恐别是一人，非元丰状元也。"德赓按：文叔，《宋史》"隆庆普城人"。剑门虽属隆庆，并非一县。冕仲，元丰状元，绍圣末权兵部侍郎，徽宗即位，转工部礼部侍郎，为礼部尚书。久之，提举杭州洞霄宫。政和四年，以龙图阁直学士起知福州，建炎元年致仕，卒年八十七。有《演山集》六十卷行世。放翁所指，即是此人。陆心源《宋史翼》据《演山集》、《闽书》列入《文苑传》。

15. 孔冲远

昔在怀宁，周君予同举《唐书》孔颖达字仲达，而《汉学师承记》称孔冲远，不知出于何书相询。余时惟知宋元以来称冲远者多矣，然不详其出处，及归京师询诸时贤，亦均莫能详也。顷读欧公《集古录跋尾》，云："孔颖达碑，于志宁撰。《唐书》列传云字仲达，碑云字冲远。碑字多残缺，惟其名字特完，可以正传之谬不疑。以冲远为仲达，以此知文字转易失其正真者，何可胜数。治平元年端午日书。"欧公之说如此。惟余尚有疑者，《新唐书》欧宋二公所共修者，列传虽属宋公，欧公顾不以其所闻告之欤？殆《唐书》先成，不及更定耳。积年疑文，一旦雪明，诚快事也。

16. 欧阳永叔论学书

欧阳永叔跋王献之法帖云："余尝览魏晋以来笔墨遗迹，而想前人之高致也。所谓法帖者，其事率皆吊哀、候病、叙暌离、通讯问，施于家人朋友之间，不过数行而已。盖其初非用意，而逸笔余兴，淋漓挥洒，或妍或丑，百态横生。披卷发函，烂然在目，使人骤见惊绝。徐而视之，其意态愈无穷尽，故使后世得之以为奇玩，而想见其人也。至于高文大册，何尝用此！而今人不然，至或弃百事，弊精疲力，以学书为事业，用此终老而穷年者，是真可笑也。"跋唐僧怀素帖亦云："魏晋人逸笔余兴，初非用意而自然可喜。后人乃弃百事而以学书为事业，而终老穷年，疲弊精神，而不以为苦者，是真可笑也。怀素之徒是已。"又跋杂法帖六之二云："学书不必愈精疲神于笔砚，多阅古人遗迹，求其用意，所得宜多。"

17.《吴氏家谱》

坊间所售有《吴氏家谱》者，余见其首册有于志宁序，署大唐贞观二十三年七月三日太傅尚书左仆射燕国公于志宁撰。按：志宁永徽元年始进封燕国公，三年始拜尚书左仆射，显庆元年始迁太子太傅。次为欧阳修序，署有宋嘉祐七年三月望日翰林学士兼龙图阁学士给事中知制诰庐陵欧阳修撰。按：欧公嘉祐初成《唐书》，即拜礼部侍郎兼翰林侍读学士，五年拜枢密副使，六年参知政事。次为宋祁序，署大观三年九月六日端明殿学士兼翰林侍读学士龙图阁学士尚书吏部侍郎京兆宋祁撰。按：大观三年，祁卒已四十八年矣。五为李邦宁序，署延祐五年冬十一月甲寅集贤大学士李邦宁撰。按：延祐五年十一月丁巳朔，无甲寅。此乃序者颠倒错乱，殊不值一笑，书之亦见家谱之不足恃。为子孙者，欲如此而荣其祖，亦愚矣。

18.《南宋乐府》一册。光绪二年归安赵氏刊于成都，会稽章季英鼎芗著，归安赵葆燧砺峰纂注。

《喻林一叶》廿四卷，十四册。江阴王苏，乾隆甲寅序。

《锦里新编》六册。汉州张邦伸云谷纂辑。因段成式有《锦里新闻》，故易为编。嘉庆五年刻。

《仰萧楼文集》不分卷，一册。新阳张星鉴纬余，陈倬序。陈硕甫学生。

《古今类传》四卷，四册。董农山、董霞山同辑，潘耒序，仅岁时一门。康熙三十一年刻。

《野棠轩撦言》八卷，二册。吉林奭良，全集之五，民国十八年刻本。

《孟晋斋文集》五卷，三册。会稽顾寿桢祖香。有吕儁孙序，述其人之事略，同治丙寅刻。

《历代名儒传》四册。高安朱轼，雍正七年刻，是书与《名臣》、《循吏》合称三传，同刻。

《安吉施氏遗著》五种，共八册。施文铨、浴升父子。光绪辛卯刻。

《通鉴补正略》三卷，二册。严衍。光绪丁亥时报馆排印。

《履园丛话》廿四卷。钱泳梅溪辑，孙原湘序，同治九年男曰寿重修刊。

《海天琴思续录》，侯官林昌彝惠常辑，方浚师序，同治己巳刊。

《密斋笔记》五卷，《续笔记》一卷，二册。宋谢采伯撰，文澜阁传钞本活字版。

《此木轩杂著》八卷，四册。焦袁熹。光绪八年扫叶山房藏版。

19.《文献征存录》

此书所载，尽清初□文学儒林之士。凡十卷□人，行谊学术，略称赅备，惜其编次无可铨综，凡所引据，亦未标举。东生卒于道光八年，故如钮树玉卒于道光七年，即已收入。然名家如侯方域、陈瑚、段玉裁、秦蕙田、王念孙、姚鼐、恽敬等，多未收入。又如洪震煊既列于卷七，而不及乃兄颐煊。冯山公已列于卷一，又附传于卢文弨后。取去剪裁，殊属疏漏。盖钱氏未竟之功也。王藻序支离讹乱，未能道其著书之旨，自不能订正其讹误。独恨其与俞理初交有年，此书不及理初为之校正耳。

20. 王明清《挥麈后录》记访徐敦立度于雪川，及敦立语以史官记事所因四事曰：时政记、起居注、日历、臣僚墓碑行状。余考徐度《却扫篇》未载此语，而朱弁《曲洧旧闻》卷九所载与《挥麈录》尽同。惟将度字易为予字，而稍省减数语。尤可怪者，《挥麈录》后有欧公《归田录》一条，连书于后，《曲洧旧闻》亦有之，然另为一条，何二人所记相同如此，当细考之。

21.《元史》六："至元二年正月癸酉，敕徙镇海、百里八、谦谦州诸色匠户于中都，给银万五千两为行费。又徙奴怀、忒木带儿炮手人匠八百名赴中都，造船运粮。"

卷七："至元七年七月乙丑，阅实诸路炮手户。"

《元史》七："至元九年十一月，参知行省政事阿里海牙言：'襄阳受围久未下，宜先攻樊城，断其声援。'从之。回回亦思马因创作巨石炮来献，用力省而所击甚远，命送襄阳军前用之。"

卷八："十年二月丁未，宋京西安抚使、知襄阳府吕文焕以城降。"

卷十二："至元廿年四月，发大都所造回回炮及其匠张林等，付征东行省。"

卷十三："至元廿一年六月庚申，改炮手元帅府为炮手万户府，炮手都元帅府为回回炮手军匠万户府。"

"廿二年十二月，增阿塔海征日本战士万人、回回炮手五十人。"

22. 钱竹汀谓《宋史》有四弊：一曰南渡诸传不备，二曰一人重复列传，三曰编次前后失实，四曰褒贬不可信。按：钱氏所举四弊，尚有未尽。寻《宋史》之弊，可分二大类：一为繁简失当，一为去取无法。而其所以致弊之因：一则年代太长，史事繁多，难于搜求，困于剪裁。一则欧阳玄本一古文家，非良史才，不能总其成。

23.《宋史》于元祐新党之争，大抵偏护元祐，诋诽新党。例如《王安石传》全取朱熹《名臣言行录》，殊难置信。

读《宋史》必须参考书：

一、关于纪传者：李焘《续通鉴长编》、徐梦莘《三朝北盟会编》（徽、钦、高）、叶绍翁《四朝闻见录》（高、孝、光、宁）、失名《宋季三朝政要》（理、度、德祐）、王偁《东都事略》、朱熹《宋名臣言行录》、赵汝愚《宋诸臣奏议》、吕祖谦《宋文鉴》、陆心源《宋史翼》。

二、关于表志者：马端临《文献通考》、王应麟《玉海》、李攸《宋朝事实》、李心传《建炎以来朝野杂记》、窦仪《宋刑统》（法制局刻）、章得象等《宋会要》（徐松辑）。

24. 邵二云作《南都事略》，未刻。

缪荃孙《宋史翼序》云："邵氏二云《南都事略》，其儒林文苑一目，载《养新录》，而《宋史》以外止增刘克庄一人。"

25. 《涑水记闻》一书，司马光身后始出。其中纪载，不尽可靠。论王安石诸事，尤疑非司马光之言。

26. 南宋末改谥岳飞为忠文，李纲为忠定，《宋史》所不载。近傅沅叔先生购得《岳忠文王实录》[①]一部，足证《宋史》遗漏。

27. 宋之国名无所根据，以赵匡胤曾为归德军节度使，归德，宋地，故国号即曰宋。

28. 韩通、李筠、李重进，在《宋史》曰《周三臣传》。此体仿《五代史记》之《唐六臣传》。[②]

29. 朱温以四镇兵灭唐，四镇者：宣武（汴）、宣义（滑）、武宁（徐）、天平（郓）。

30. 唐庄宗以河北四镇即位，四镇者：卢龙（幽）、成德（镇）、

---

① 整理者按：即《忠文王纪事实录》，傅氏所购为宋本，曾撰《宋本忠文王纪事实录书后》，载《图书季刊》1940年新第2卷第1期。此书1949年后入藏北京图书馆，中华书局1987年据之影印，为《古逸丛书三编》之二十六。

② 柴眉批：欧阳玄仿欧史，如《周三臣传》，《辽史》之《卓行传》、《伶官传》，《金史》之（整理者按：后阙而未书）。

魏博（魏）、义武（易）。

31. 宋以侍卫马军都指挥使、侍卫步军都指挥使、殿前军都指挥使为三衙。

32. 宋北方三关：高阳（保州）、益津（霸）、瓦桥（雄），皆以水为关，均在河北境内。

33. 民国三年，韩通夫妇墓志于洛阳出土，文见罗振玉《芒洛冢墓遗文》中。

34. 十国疆域：南唐帝李景，今江西全省，江苏、安徽之江南地，福建之建宁、邵武。后蜀帝孟昶，今四川全省、陕西之汉中、甘肃之陇南。南汉帝刘铢，今广东、广西全省，湖南之郴县。北汉帝刘钧，今山西之中路、北路。吴越王钱俶，今浙江全省、江苏之苏州、福建之福州。南平王高保融，今湖北之鄂西。武平节度周行逢，今湖南全省。平海节度陈洪进，今福建之漳州、泉州。闽帝王氏。楚王马氏。

35. 樊若冰后改名知古，见《宋史》本传。然各本《宋史》，均作若水。按：《宋史》本纪："太祖问其命名之由，对以慕唐倪若冰为名。然倪名若水，不名若冰，时人笑之。"则《宋史》应作若冰，作若水误。

36. 南唐最喜藏书。宋太祖灭南唐，取其书之汴梁，于是东都始有藏书。《崇文总目》即以南唐旧书为基本。

37. 五代宋初学者，多南唐宦族，如徐铉、徐锴、乐史、陈彭年等，无不与南唐有关。宋制，新进士之高材者，授以馆阁校勘。所谓馆阁图书，又无非南唐旧书。

38. 宋三馆：昭文、集贤、史馆。

39. 五代时，南唐画家有董源山水、徐熙花鸟。淳化阁帖，亦系从南唐所摹硬黄帖而出。

40. 五代时，有监之制，大于县小于州，凡有矿冶之地立监。

41. 《南唐书》向有马、陆二家。陆氏书，清祥符周在浚为之注，近刘承幹又为之补注，甚详备。马令祖元康，谙悉南唐时事。

42. 缪荃孙著有《五代方镇年表》[①]，未刊行，近闻其后裔拟出售。

43. 五代地理，最纷乱难考。今试以《宋史·地理志》、《文献通考·舆地考》、《五代史·地理志》、《五代史记·职方考》、乐史《太平寰宇记》、欧阳忞《舆地广记》、王存《元丰九域志》比对，多不相同。

44. 杨守敬《历代地理险要图》[②]以《宋史·太祖本纪》有北汉卫州刺史（某），又有耀州防御使（某），据以为北汉时所置之州，不

---

① 整理者按：即《补五代史方镇表》，后入藏北京大学图书馆。《北京大学图书馆藏稿本丛书》第 9 册收有此书，天津古籍出版社 1996 年印行。

② 整理者按：即《历代舆地沿革险要图》。

见于史者尚多云。今按：卫、耀两州，当时均有其地，而不在北汉封域以内。刺史、防御云者，盖遥领职衔，非增设地名也。

45. 唐各州收入，用途有三：一曰上供，归中央。二曰送使，归省库。三曰留州，地方留支。

46. 宋三司：一曰度支，二曰户部，三曰盐铁。

47. 汉献帝建安八年，交阯刺史张津、交阯太守士燮共表请改交阯为交州，以与其他州名不同，由是有交州之名。

建安十五年，交州刺史移治番禺（南海郡治番禺）。

孙休（吴景帝）永安七年，以交州地远，分为交、广二州，交阯还治龙编，领汉之交阯、九真、日南、合浦四郡地（时称为海南四郡）。广州治番禺，领汉之南海、郁林、苍梧三郡地（时称为海东三郡）。

交州吴氏称臣于南汉，与平海陈氏（漳、泉）称臣于南唐，其例正同，不得以外国论。

唐贾耽《入蕃十道图记》："由交州以通天竺。"

交阯，汉晋人写法。交趾，唐宋以后写法。

48. 宋分广南为东西，广南东路安抚使兼知广州，广南西路安抚使兼知桂州，此为今日广东、广西名称之由来。

49. 《宋史》称交阯人传檄中国，历诋新法之害，云欲出兵救民。王安石见檄大怒，自草敕榜诋之。今按：此敕在王安石集中，敕中但声交阯攻陷城邑、戕杀官吏之罪，语非挟私嫌者，《宋史》所言殊为诬妄（此事蔡上翔《王荆公年谱》已辨之而不详）。

50.《越史略》三卷，《四库》著录。《守山阁丛书》本，不著撰人名，以所记事实考之，盖当宋末时安南人所撰也。上卷记安南自赵佗以来割据诸人之事迹，中下卷记安南王家李氏事迹。

51.《越史略》中称其国姓为阮，与《宋史》不同，《提要》据黎崱《安南志略》云陈氏得国后，改前王家李氏之姓为阮氏，国人之姓李氏者一律亦改为阮氏，以绝民望，可证此书为宋末陈氏王朝人所作也。

52.《安南志略》十七卷，《四库》著录，通行日本排字本，元黎崱撰。

崱字东山，爱州人。本姓阮氏，继黎璞为子，因从其姓。仕安南陈氏王朝，为侍郎。后仕元为奉议大夫，侨居汉阳。其书纪述安南自秦汉以来人物、风俗、地理、政教，以及文章案牍，备载无遗，洵为治安南史者不可不读之书。因现存安南本国人所撰史籍仅此书与《越史略》两种，《越史略》体例略似纪年、本纪之式，未免过略。此书则兼用传志之例，较为详赅。

53.近见《越南道里记》钞本一册，亦越南人撰，《四库》及诸藏书家均未著录。

54.《东坡集》梅尧臣诗，西南蛮人织诸弓衣之上。[1]《续通鉴长

---

[1] 整理者按：此事不见于苏轼集中，而见载于欧阳修《六一诗话》，或是柴先生一时误记。

编》真宗咸平五年："有华人亡入蛮境者，乃与蛮俱来朝贡，以冒赏赐。诏知益州马知节辨认厘革之。"所谓蛮者，盖即南诏也。大理段氏虽与宋不交通，而所属蛮洞，犹时来朝贡，盖此时南诏尚为部落，非统一组织之国。

55. 以越南为名，始于清嘉庆时，其国奏乞定国名为南越，两广总督孙玉廷奏改为越南。

56. 钱大昕《廿二史考异》："《元史·李恒传》：其先姓於弥氏，唐末赐姓李，世为西夏国主。按：西夏之先本拓跋氏，於弥与拓跋音不相近，盖元时国俗之语。吴澄撰《李世安（即散尤觯）墓志》云，公西夏贺兰於弥部人也。"又："《元史·卜颜帖木儿传》作'唐兀吾密氏'，《察罕传》称'唐兀乌密氏'，北人读'吾'如'乌'，盖同族也。《李恒传》称於弥氏，与乌密声亦近。"按：《宋史·夏国传》仁宗明道二年，元昊自号嵬名氏，于是属族悉改为嵬名蕃号尊荣之，疏族不与焉。是嵬名为西夏所改国姓，史有明文。嵬名、於弥、乌密、吾密，皆译名不同，实为一姓，由李改嵬名，李恒既为国主之后，足证嵬名即於弥，李世安应亦同族也。钱氏不能据嵬名以释之，反以元时国语为解，已属失考。近人（戴锡章《西夏记》）又据以为西夏先姓於弥氏，更失之远矣。

57. 吴广成《西夏书事》曰："元昊以中书不能统理庶务，仿宋制置尚书令，考百官庶府之事而会决之。又改宋二十四司为十六司，分理六曹，于是官制渐备。"

58. 曾巩《隆平集》曰："夏兵长于骑射，不善刀枪。而柳子皮弦，遇雨则不能施。"又曰："夏兵凡年六十以下，十五以上，皆备弓矢甲胄而行。"按：此则与《宋史·夏国传》云给马帐弓箭等异（疑《宋史》误）。又曰："德明精兵十万而已，元昊遂逾十万。"按：《宋史》作"总兵五十万"（疑《隆平集》误）。

59.《西夏书事》："元昊思以胡礼、蕃书抗衡中国，特建蕃学，以野利仁荣主之。译《孝经》、《尔雅》、《四言杂字》为蕃语，写以蕃书。于蕃、汉官僚子弟，选俊秀者入学校教之。俟学习成效，出题试问，观其所对精通，所书端正，量授官职。并令诸州各署蕃学，设教授训之。"

《西夏书事》又云："元昊（思以胡礼、蕃书抗衡）既制蕃书，尊为国字。凡国中艺文诰牒，尽易蕃书。于是，立蕃字、汉字二院。汉习正、草，蕃兼篆、隶。其秩与唐代翰林等。汉字掌中国往来表奏，汉字旁以蕃书并列。蕃字掌西蕃、回鹘、张掖、交河一切文字，并用新制国字，仍以各蕃字副之。以国字在诸字之右，故蕃字特重。"

60.《凉州重修感通塔铭》，两面刻字：阳面西夏字，嵬名遇书；阴面汉字，张思正① 书并篆额。天祐民安五年正月十五日。石在甘肃武威。

61. 莫高窟刻石，有蒙古字、西夏字、汉字、畏兀儿字。石在甘肃敦煌。

62.《蕃汉合时掌中珠》，清宣统三年，俄人尼智洛夫得之于张掖，罗振玉刻本。

---

① 整理者按：当作"张政思"。

63.《西夏书事》引吴兴祚《方舆纪要》（亡）云："元昊河南曰盐州路，河北曰安北路。"

64.宋与西夏战事，以三川口刘平、石元孙之败，好水川任福之败，定川寨葛怀之败为最有关系。

65.北宋经略安抚使略表。（吴廷燮有《北宋经抚年表》，石印单行本）①

京东东路，治青州（山东益都）。

京东西路，治郓州（山东东平）。（《养新录》云治兖州）

京西南路，治邓州（河南南阳）。

京西北路，治许州（河南许昌）。

河北大名府路，治大名府。

河北中山府路，治定州。

河北真定府路，治成德军（河北正定）。

河北高阳关路，治瀛州（河北河间）。 河北置四路，在庆历八年。

（陕西）永兴军路，治京兆府（长安）。

      鄜延路，治延州（陕西延安）。

（甘肃）环庆路，治庆州（甘肃庆阳）。

      泾原路，治渭州（甘肃临泾）。

      秦凤路，治秦州（甘肃天水）。 陕西沿边四路，庆历元年分置②。③

————————

① 柴眉批：《宋史·地理志》："至道三年，分天下为十五路，天圣析为十八，元丰又析为二十三。"

② 整理者按："陕西沿边四路，庆历元年分置"，此"四路"，柴先生指鄜延路、环庆路、泾原路、秦凤路而言。

③ 柴眉批：《十驾斋养新录》："庆历熙宁所置各路，特为军事而设。每路设安抚使兼马步军都部署，其民事仍领于转运使，故不在十八路、廿三路之数。"

熙河路，治熙州（甘肃狄道）。 熙宁五年置。

（陕西分四路，始于仁宗康定、庆历之间）

河东路，治太原府。

江南东路，治江宁府。

江南西路，治洪州（江西南昌）。

两浙东路，治越州（浙江绍兴）。

两浙西路，治杭州（浙江杭县）。 包括苏州。苏杭分省始于明。

福建路，治福州（福建闽侯）。

广南东路，治广州（广东番禺）。

广南西路，治桂州（广西临桂）。

四川路，治成都（四川成都）。

淮南东路，治扬州（江苏江都）。

淮南西路，治庐州（安徽合肥）。 安徽立省，始于雍正八年。

　　清初设江南左、右布政司，治江苏、安徽地。

荆湖南路，治潭州（湖南长沙）。

荆湖北路，治江陵（湖北江陵）。

燕山府路，治燕山府（河北北平）。

云中府路，治云中府（山西大同）。 立于宣和六年，未几为金人所破。[1]

安抚使设：京东东、京东西、京西南、京西北、广南东、广南西。

经略安抚使设：河北四路、陕西六路。

马步都总管设：江南东、江南西、淮南东、淮南西、两浙东、两浙西、福建、荆湖南、荆湖北。

---

　　[1] 整理者按："立于宣和六年，未几为金人所破"，柴先生所指合燕山府、云中府而言。

四川则为兵马都钤辖地。

转运使区域：河北一路。

陕西一路。

四川成都府路，治成都。

梓州路，治梓州（四川梓潼）

利州路，治利州（四川广元）

夔州路，治夔州（四川奉节）

66．都总管本名都部署（安抚使兼马步军都部署），避英宗讳（曙）改都总管。

67．鲍老旗：宋名傀儡曰"鲍老"，《皇朝类苑》有"鲍老登场"语，舞人亦谓之鲍老。

68．探马之名始于宋，唐曰逻骑。

69．《宋史》记载与夏国交涉事，词繁而事不赅，对于一时筹边人才，亦多缺传，兹刺取各书，录其荦荦大者于左：

王尚恭，字安之，曙之子。孙沔帅环庆，辟掌机密文字。元昊被弑，子谅祚立，尚恭谓沔请勿赐王爵，授以节帅之名，择其强臣，宠以高官，以分其权，沔奇其言，奏之（见范纯仁《忠宣集》）。按：王曙为仁宗时执政大臣，《宋史》有传（曙，寇准婿），乃传末于尚恭不及一字，且尚恭计划若行，西夏必不能复存。此事关系两国兴衰，万不可略也。

陈并，字巨中，执中之孙。哲宗绍圣中，上书言西夏事甚详，谏用兵（见《宋史翼》）。按：执中亦仁宗时宰相，《宋史》有传，传末亦不及并。又按：并字巨中，犯祖讳，宋人最重避讳，疑或执中侄孙，否则字误。

洪中孚，字思诚，歙州新安人。湛之曾孙。徽宗崇宁中为熙河兰湟转运使，兴鼓铸、榷酤、市易，博籴安西米，创烽火台，置邮传屯要害处，以闲田给候人使自耕。复知太原府，夏人兵来，议地界，中孚饬诸将掩击，遁去（见罗愿《新安志》）。按：洪湛，《宋史》亦有传。

郭景修，字伯永，汶山人。以武举为泾原第二将。安焘察访陕西，沈括知延州，皆倚重之。后知阶州，招青唐羌七族，使献其地，尽收潘州、邦州、叠州三州之地数千里，坑冶一百八十余所。徽宗时，擢为管勾沿边安抚司公事。阶州置帅自景修始。

70. 王安石党有二人才：一为沈括，著《梦溪笔谈》。一为陆佃，著《埤雅》。

71. 北宋经抚掾属之组织，《宋史》所记未详。《梦溪笔谈》云："予为鄜延经略使日新一厅，谓之'五司厅'。延州正厅，乃都督厅（唐宋之制，各州有设大都督者，其后虽不除人，而正厅犹曰'都督厅'），治延州事。五司厅治鄜延路事，如唐之使院。五司者，经略、安抚、总管（即都部署）……节度、观察、处置三使，今节度之职多归总管司，观察归安抚司，处置归经略司。其节度、观察两案，并支掌推、判官，今皆治州事而已。经略、安抚司不置佐官，以帅权不可不专也。"

72. 哲宗初年，司马光为相弃地与夏事，《宋史·光传》讳而不言，欲考其时外交情形，当参观《孙路传》。

73. 宋哲宗以后边帅：章楶，《宋史》有传。安焘，《宋史》有传，曾察访陕西。范纯祐，《宋史》有传。游师雄，《宋史》有传，《金石萃编》有墓志。李复，《宋史》无传，有《潏水集》，四库本。郭景修，《宋史》无传，有墓志。刘韐。

74. 南宋人对于本朝史事，记载綦详，然于神宗以后之安边用兵诸事，不甚言及。综其原因，盖有数端：

一、自秦桧主和议，士大夫不敢多言兵事。

二、神宗以后开边之政，主之者为王安石党。《宋史》所采史料，多为元祐子孙所作，决不肯认以为是而为之宣传，甚至非王党若游师雄（张载门人）、范纯祐（纯仁弟）、孙路（司马光友）、张舜民（元祐党人），其兵略亦不备记云。

75. 魏泰《东轩笔录》云："转运使初带'按察'二字，仁宗时削去之。"（《宋史·孙甫传》：范仲淹以旧执政知杭州，孙甫为两浙转运使，绳之不稍假借。可证此语不谬）《东轩笔录》见《皇朝类苑》。

76. 石晋割让于契丹之地，当时称为山前后诸州，盖指太行山北脉也。山前为幽州等州，唐卢龙节度使辖境。山后为云州等州，唐振武节度使辖境，及义武节度使所辖之易州，即今之河北省北部（旧京地区）、察哈尔省南部（旧口北道区）、山西省北部（旧雁门道区）。

77. 周世宗亲征契丹，取关南之地，设雄、霸二州，始将石晋所割之地，略为恢复，然亦不过三百里之地而已。宋太祖即位后，既渐削平各国，即有恢复燕云之志，尝于宫中设封桩库，广贮金帛，以为赎回故地。或募集健儿兴兵恢复之计。太宗既平北汉，欲乘时而下幽州，及曹彬一败，始不敢再议用兵。然契丹犹以恢复关南为词，屡有战事，至真宗澶渊之盟，宋辽俱约罢兵，自是宋人无谈恢复者矣。

《续通鉴长编》："太宗既平北汉，众议乘势而下幽燕，曰：'此如热鏊翻饼耳。'呼延赞独曰：'此饼难翻。'"

宋神宗尝于宫中别建一库，贮财物以备边事，题诗于库，有云："顾予不武姿，何日成戎捷"，亦犹太祖封桩之意也。

78. 马扩于宣和末屡使于金，高宗初年与信王榛起兵于河北，未几南归。其事迹甚多，《宋史》未之详考，《三朝北盟会编》所载足证史阙。

马扩有《茅斋自叙》一书，《会编》屡引之。

79. 李纲有《靖康传信录》，海山仙馆本。

钦宗初年，宋之执政大臣对金态度分二派：主张避兵或和议者，白时中、李邦彦、张邦昌。主战主守者，李纲、吴敏、种师道。

北宋之末，南宋之初，御营使为独创之官名，始于李纲之亲征行营。以后常以宰执大臣兼御营使，绍兴初罢之。

80. 牟驼冈、天驷监，皆宋太仆寺养马之所，见《宋史》及《文献通考》。

81. 《大金吊伐录》，失名。

82. 《奉使金鉴》，清吕海寰著。吕，山东掖县人。此书整理自秦至明末对外族之交涉，泛大而不详核，未刊。

83. 宋武臣为执政官者，除宋初曹彬等外，仁宗以后惟王德用为枢密使，狄青为枢密使，郭逵为签书枢密院，种师道为同知枢密院事。

84. 钦宗时二次议和、议战二派：主和者，耿南仲、聂昌。主战者，李纲、许翰。

85. 徽宗崇信道教，自号道君皇帝。以林灵素（道教首领）为温州人，改温州为应道军。

86. 宋太宗取易州于辽，既而复为辽人所陷。《宋史》但记取易州，不言失易州。盖宋国史为宋讳，非参观《辽史》不能得真相。

87. 烛影斧声之语，始于文莹《湘山野录》。李焘《长编》引其说，毕沅《续通鉴·宋纪》后有考证。

88. 徐度《却扫编》（度，处仁子）记北宋末藏书事一则，宋敏求《春明退朝录》亦记及北宋藏书事。除此之外，北宋藏书不可考矣。

89. 中国地图之最古者，为刘豫所刻之《华夷图》。

90. 《太平御览》除悉收《修文殿御览》外，如《三教珠英》（武则天时修）、《瑶山玉彩》（唐高宗时修）等亦并入之。

91. 中国与外族订条约、送国书，始于澶渊之盟。

92. 宋真宗天书中有赵玄朗字，云为宋之远祖，故宋人讳玄字、朗字。

93. 张君房《云笈七签》为道教之类书，亦真宗时作。

94. 宋制，遇有兵事，刺农民以充兵役，号曰刺义勇（此为临时性质。刺者，刺其面恐其逃役也）。

95. 宋制，政府有大号令，用敕榜，榜示于明堂，俾臣民得以共见。南宋秦桧主张和议，恐人心不服，奏李光为参知政事，曰押敕榜（见《桧传》、《光传》）。

96. 《梁溪漫志》云："旧制，三省文字下部勘当，本谓之勘会。嘉祐末，曾鲁公当国，省吏避其父名，改为勘当，至今沿袭。省中出敕，旧用'準'字，辄去其下'十'，或云蔡京拜相时，省吏亦避其父名。然王禹玉父亦名準，而寇莱公亦尝作相。不知书敕避讳，自何时始也。近年稍稍复旧。"

97. 《梁溪漫志》云："文武官制，自元丰、政和更新，其后增改亦不一。因合而书之，以备稽考云。元丰三年，初行文臣官制，以阶易官，寄禄新格：中书令、侍中、同平章事为开府仪同三司；左、右仆射为特进；吏部尚书为金紫光禄大夫；五曹尚书为银青光禄大夫；左、右丞为光禄大夫、〇宣奉大夫[1]、〇正奉大夫；六曹侍郎为正议大夫、〇通奉大夫；给事中为通议大夫；左、右给谏为太中大夫；秘

---

[1]　柴眉批：有〇记号者为后来添置。

书监为中大夫、○中奉大夫；光禄卿至少府监为中散大夫；太常至司农少卿为朝议大夫、○奉直大夫；六曹郎中前行为朝请大夫，中行为朝散大夫，后行为朝奉大夫；员外郎前行为朝请郎，中行及起居舍人为朝散郎，后行及左、右司谏为朝奉郎；左、右正言，太常、国子博士为承议郎；太常、秘书、殿中丞，著作郎为奉议郎；太子中允、赞善大夫、中舍、洗马为通直郎；著作佐郎、大理寺丞为宣德郎；光禄、卫尉寺、将作监丞为宣义郎；大理评事为承事郎；太常寺太祝、奉礼郎为承奉郎；秘书省校书郎、正字，将作监主簿为承务郎。崇宁初，又因刑部尚书邓洵武有请，以留守、节察判官换承直郎；掌书记、支使，防、团判官换儒林郎；留守、节察推官，军事判官换文林郎；防、团推官，监判官换从事郎；以录事参军、县令为通仕郎；知录事参军、知县令为登仕郎；以军巡判官，司理，司法，司户，主簿、尉为将仕郎。五年，改太庙、郊社斋郎为假将仕郎。政和六年，又诏：'旧将仕郎已入仕，不可称将仕，可为迪功郎。旧登仕郎为修职郎。旧通仕郎为从政郎。'寻又以假版官行于衰世，姑从版授，盖非真官，于是却以此三官易假授官，以处未入仕者。假将仕郎去假字为将仕郎，假承务郎为登仕郎，假承事、承奉郎为通仕郎云。政和二年，易武选官名：内客省使为通侍大夫；延福宫使为正侍大夫、宣正大夫、履正大夫、协忠大夫（政和六年置）；景福殿使为中侍大夫；客省使为中亮大夫；引进使为中卫大夫、翊卫大夫、亲卫大夫（政和六年增置）；四方馆使为拱卫大夫；东上阁门使为左武大夫、正侍郎、宣正郎、履正郎、协忠郎、中侍郎（政和六年增置）；客省副使为中亮郎；引进副使为中卫郎、翊卫郎、亲卫郎、拱卫郎（政和六年增置）；东上阁门副使为左武郎；西上阁门副使为右武郎；皇城使为武功大夫；宫苑使、左右骐骥使、内藏库使为武德大夫；左藏库使、东作坊使、西作坊使为武定大夫（寻改武显）；庄宅使、六宅使、文思使为武节大夫；内团使、洛苑使、如京使、崇仪使为武略大夫；西京左藏库使为武经大夫；西京作坊使、东西染院使、礼宾使为武义大夫；供备库使为武翼大夫；自皇城副使至供备库副使，为武功郎至武翼郎（今呼武功大夫以下为正使，武功郎以下为副使）；内殿承制为敦武郎（淳熙改训武）；内殿崇班为修武郎；东头供奉官为从义郎；西头供奉官为秉义郎；左侍禁为忠训郎；右侍禁为忠翊郎；左班殿直为成忠郎；右班殿直为成义郎（寻改保义）；三班奉职为承节郎；三班借职为承信郎；三班差使为进武校尉；三班借差为进义校尉。"

98. 宋初入贡者亦赐马。《独醒杂志》云："李氏建国，国中无马，岁与刘铢市易。太祖既下岭南，市易遂罢，马益艰得。惟每岁入贡，得赐马百余匹耳。朝廷未悉其有无也。王师南伐，煜遣兵出战，骑兵才三百。至瓜州，尽为曹彬之裨将所获。验其马，尚有印文，然后知其为朝廷所赐也。"

99. 《独醒杂志》云："王荆公为相，子妇之亲萧氏子至京师，因谒公，公约之饭。翌日，萧氏子盛服而往，意谓公必盛馔。日过午，觉饥甚而不敢去。又久之，方命坐，果蔬皆不具，其人已心怪。酒三行，初供胡饼两枚，次供猪脔数四，顷即供饭，傍置菜羹而已。萧氏子颇骄纵，不复下箸，惟啖胡饼中间少许，留其四傍。公顾取自食之，其人愧甚而退。人言公在相位，自奉类不过如此。"

100. 《独醒杂志》云："崇宁钱文，徽宗尝令蔡京书之，笔划从省，'崇'字中以一笔上下相贯，'宁'字中不从心。当时识者谓京'有意破宗，无心宁国'，后乃更之。"据此岂今日俗书宁字作寍字，犹是宋代遗文耶？

101.《独醒杂志》三:"徽宗初,改元曰'建中靖国',本谓建大中之道,无熙宁、元祐之分也。将令学士撰诏,曾子宣言:'建中乃唐德宗幸奉天时年号,不若更之。'上曰:'太平亦梁末帝禅位年号,太宗用之,初何嫌焉?'遂下诏不疑。蔡京复用,尽变初元之政,改元曰'崇宁'。崇宁者,谓崇熙宁也。"

102.《宋史》有全用《东略》论者,《韩亿传》是也。(《宋史》卷三一五)

103.《景德传灯录》廿五《天台山德韶国师》:"师云:'昆仑奴,着铁袴,打一棒,行一步。'学云:'恁么即石人木人齐应诺也。'"《杭州灵隐清耸禅师》:"问:'牛头未见四祖时如何?'师曰:'青山绿水。'曰:'见后如何?'师曰:'绿水青山。'"

104.《魏书》六七《崔鸿传》:"鸿经综既广,多有违谬。至如太祖天兴二年,姚兴改号,鸿以为改在元年。太宗永兴二年,慕容超擒于广固,鸿又以为事在元年。太常二年,姚泓败于长安,而鸿亦以为灭在元年。如此之失,多不考正。"

《崔鸿传》:上表云:"始自景明之初[①],搜集诸国旧史,属迁京甫尔,率多分散,求之公私,驱驰数岁。又臣家贫禄薄,唯任孤力,至于纸尽,书写所资,每不周接,暨正始元年[②],写乃向备。……著《春秋》百篇。至三年之末,草成九十五卷。唯常璩所撰李雄父子据蜀时书,寻访不获,所以未及缮成,辍笔私求,七载于今。此书本江南撰录,恐中国所无,非臣私力所能终得。其起兵僭号事之始末,乃

① 柴眉批:魏宣武景明元年,齐东昏永元二年,西五〇〇年。

② 柴眉批:正始元年,梁武帝天监三年,西五〇四年。

亦颇有，但不得此书，惧简略不成。久思陈奏，乞敕缘边求采，但愚贱无因，不敢轻辄。"

《史通·古今正史》篇："鸿始以景明之初，求诸国逸史。逮正始元年，鸠集稽备而已。犹阙蜀事，不果成书。推求十有五年，始于江东购获，乃增其篇目，勒为一百二卷。"

鸿子子元传："永安中，乃奏其父书曰：'先朝之日，草构悉了，惟有李雄《蜀书》，搜索未获，阙兹一国，迟留未成。去正光三年①，购访始得，讨论适讫，而先臣弃世。凡十六国，名为《春秋》，一百二卷。近代之事，最为备悉。'"

105.《宋史纪事本末》"平江南"条，言李穆奉使还，帝"命梁迥复使，讽之入朝。江南主不答。迥还，帝乃命曹彬为西南行营都部署"。按：《长编》李穆出使之日，梁迥与潘美、刘遇同领兵赴荆南。岂复有出使之事？《宋史·迥传》亦不及此，恐误。

106.《宋史》卷二六一："刘重进，以习契丹语，应募使北边。"

（本文由南京大学文学院王江鹏整理）

---

① 柴眉批：魏孝明正光三年，为梁武普通三年，西五二二年。

资治通鉴介绍

再版前言 ①

　　柴德赓先生是著名的老一辈历史学家。他的《资治通鉴介绍》一书，深入浅出，雅俗共赏。自初版至今已30年，受到学术界和读书界的广泛好评，现在予以再版，既说明了它本身的价值，也满足了广大读者尤其是青年读者的需要。

　　《资治通鉴介绍》是柴先生在讲课记录的基础上整理而成的，保留了不少口语，故读其书，如闻其声，有一种亲切感，因而增强了此书的可读性。当本书再版付梓之际，编者要我谈谈对它的认识。对此，我自当应命，就讲一点关于阅读此书的感受，供读者参考，也向同行请教。

　　读《资治通鉴介绍》，首先要看清书中所贯穿的"学脉"，这就是司马光《资治通鉴》——胡三省《资治通鉴音注》——陈垣《通鉴胡注表微》。这条"学脉"反映了三个不同的历史时代，也是我们深入理解这三部书的撰述宗旨的关键。

　　北宋士人有一种突出的忧患意识，王安石变法是这种忧患意识在政治上的反映，司马光撰《资治通鉴》是这种忧患意识在史学上的反映。司马光说他撰《资治通鉴》是"专取国家盛衰，系生民休戚，善可为法，恶可为戒"的史事入书，以及他"鉴前世之兴衰，考当今之得失，

---

　　①　编注：此为2010年中共中央党校出版社再版《资治通鉴介绍》时由瞿林东先生撰写的再版前言。

嘉善矜恶，取是舍非"（司马光《进资治通鉴表》）的期望，集中反映了《资治通鉴》一书的撰述宗旨。关于这一点，柴先生在本书第四章中"史料的选择问题"这一部分，论之甚详，是本书中极重要的部分。

胡三省是宋元之际的学人，于宋亡后注《资治通鉴》，其功甚伟，至今读《资治通鉴》者仍不可不读胡注。读胡注，一是帮助理解文字上的不明之处，一是探究胡注的思想内涵，前者反映胡三省的学识，后者反映胡三省的气节。关于这一点，柴先生在本书的第六章"胡三省的注"中有很好的分析，读者可予以关注。

陈垣先生著《通鉴胡注表微》一书，时在1944—1945年，中华民族处于生死存亡的抗日战争时期。陈垣先生著此书，以讲求考据为形式，以抒发思想为底蕴，反映出了他的深厚的爱国主义精神和崇高的民族气节。柴先生在本书第九章"《通鉴胡注表微》浅论"中①，对此有深刻的论述。柴先生对"《通鉴胡注表微》分开四点来说"，这四点都很重要，尤其是第一点"陈先生能了解胡三省"最为重要。我以为，只有读懂了这一点，才能真正认识《通鉴胡注表微》一书的真谛和它的作者的高尚人格。正如1950年初陈垣在致友人书中所说：

> "九一八"以前，为同学讲嘉定钱氏之学；"九一八"以后，世变日亟，乃改顾氏《日知录》，注意事功，以为经世之学在是矣。北京沦陷后，北方人士气萎靡，乃讲全谢山之学以振之。谢山排斥敌人，激发故国思想。所有《辑覆》、《佛考》、《诤记》、《道考》、《表微》等，皆此时作品，以为报国之道止此矣。所著已刊者数十万言。言道、言僧、言史、言考据，皆托词，其实斥汉奸、斥日寇、责当政耳（陈垣：《至席启骃》，《陈垣全集》第23册，安徽大学出版社2009年版，第337页）。

---

① 编注：此次商务版未采用中央党校版第九章《〈通鉴胡注表微〉浅论》，此章单独列于本书末尾，作为《资治通鉴介绍》的附录。

这封信深刻地反映出了一位严谨的历史考证学者,是如何在自己的学术著作中寄托民族情感和"报国之道"的。

柴先生评价陈垣先生"是思想、学问、生活打成一片的,不是徒发空论的",是很中肯的评价。因此,读懂了这一章,才贯通了《资治通鉴介绍》全书的"学脉"。

其次,读《资治通鉴介绍》,要关注本书第四章中所讲"《通鉴》的'论'",文字虽不多,但提出了一个重要问题:研究司马光作《通鉴》的思想,"那是要读《通鉴》的'论'的"。究竟怎样评价《通鉴》的"论"和司马光作《通鉴》的思想,读者和研究者可以作出自己的判断,但柴先生指出这个问题的重要,是不可忽视的。

第三,读《资治通鉴介绍》,要发掘其中的学术含量。本书虽是一部据讲课记录整理而成的著作,表述平实不带有通常学术著作惯有的那种"学术味儿",但它的学术含量却是十分丰富的,这渗透在本书的每一个目标之中,反映了作者对《资治通鉴》研究的深厚功力。如本书第三章讲"《通鉴》的史料",柴先生引用了多种说法,可供研究者参考。又如上文讲到"《通鉴》的'论'",柴先生列举了《通鉴》引用他人之论有84篇,其作者从荀子到欧阳修近30人,一一列出姓名,等等,对研究《资治通鉴》的朋友来说,都有重要的参考价值。其他一些相类似的问题,30年前刘乃和先生在本书初版"前言"中作了很好的阐述,这里就不再赘述了。

瞿林东

2010 年 6 月 22 日

写于北京师范大学

历史学院史学研究所

初版前言 ^①

柴德赓先生（1908—1970）是我国著名的历史学家。他自 1933 年在北平师范大学历史系毕业后，即到辅仁大学任教，从事教学和史学研究 30 余年。解放后，任北京师范大学历史系教授、主任。1955 年响应党的号召，服从分配，调到苏州江苏师范学院，任该院历史系教授、主任。1970 年被迫害含冤逝世。

本书收辑的三篇 ^② 文稿，都是柴先生调到苏州以后的学术报告记录。

1963 年，柴先生应北京大学翦伯赞同志约请，从苏州到北大讲学一年。在此期间，曾给中共中央党校历史专业的学员讲课，《资治通鉴介绍》就是根据当时的讲课记录稿整理而成。

柴先生曾熟读《通鉴》，对《通鉴》作过深入研究。《资治通鉴介绍》对《通鉴》这部巨著的写作集体、编纂方法、采用史料、胡三省注，以及主要优缺点等，作了较全面详尽的介绍、阐述，有其独到的见解，对阅读《通鉴》有指导作用。尤其是该稿的最后一部分，他结合自己的亲身经历讲了应当怎样读《通鉴》，更可作为我们阅读时

---

① 编注：此为求实出版社 1981 年初版《资治通鉴介绍》刘乃和所作"前言"。

② 编注：《资治通鉴介绍》初版时附录了两篇文章：《陈垣先生的史学思想》和《中国古代历史纪年问题》。再版时删去第二篇。此次商务版因此两篇文章已经收入商务印书馆 2017 年版《史学丛考》（增订本），故不再收入此书。

的借鉴。

　　柴先生是史学界老前辈陈垣同志早年的学生，几十年间不断向陈老学习，得到陈老的亲切教诲。他的不少论著，深得陈老赞许。师生之间关系密切，经常谈古论今，研讨学术。《陈垣先生的史学思想》[①]是他于 1962 年应华东师范大学吴泽同志之请，为该校历史系师生作的报告。文章介绍了陈老学术研究的特点、刻苦治学的精神和方法、抗战期间著作中反映的爱国思想，内容真切丰富，深入浅出。特别是该稿以较大篇幅谈到陈老撰写的重要著作《通鉴胡注表微》，可作前文参考。

　　《中国古代历史纪年问题》[②]，是他在苏州时的一次报告记录稿。该稿是 1979 年 5 月江苏师范学院为柴先生昭雪平反时，于其遗书遗稿中发现的。同年 8 月，江苏师院历史系编辑的内部发行刊物《中学历史教学》拟刊此稿，以为纪念。柴师母陈璧子同志因见原稿所记杂乱残缺，乃命我代为校阅、订正、补充，后在该刊 1979 年第一期发表。这篇文章对初学历史的人有参考价值，还可作为《资治通鉴介绍》有关问题的补充，故一并收入此集。

刘乃和

1980 年 12 月

写于北京师大

---

① 编注：《陈垣先生的史学思想》一文，此次商务印书馆出版时不收。

② 编注：《中国古代历史纪年问题》一文，此次商务印书馆出版时不收。

资治通鉴介绍 [1]

  《资治通鉴》（下面简称《通鉴》），是一部很有价值的编年史。它系统地编纂了从周威烈王二十三年（前 403）起，至后周世宗显德六年（959）止，共计 1362 年的史事，是我国编年史中包括时间最长的一部巨著。

  我国流传下来的历史书，到司马光那个时代为止，像《通鉴》这样一部 354 卷（包括目录和考异[2]）的书是很少的。二十四史中的前十七史[3] 到五代为止，内容最多的《新唐书》也只有 225 卷。从现在流传下来的史书看，像《通鉴》这样大部头的书不敢说没有，确是很少。为什么这样说呢？因为过去曾经有过记载，说梁武帝有一部 602 卷的《通史》，但没有流传下来。

  《通鉴》写了 1362 年的历史，一年不漏。这不是一件简单的事情，司马光为之花了 19 年的心血。对于这样一部巨著，我想主要从以下三个方面，分几个问题加以介绍：《通鉴》作者司马光的情况；编写《通鉴》的集体及其发展经过；《通鉴》的编纂方法及其优缺点；介绍古人读《通鉴》后派生出来的几种书；我们怎样读《通鉴》等。

---

  ① 编注：《资治通鉴介绍》重新整理是根据首都师大孙文泱（孙按）、华中师大崔曙庭（崔按）提出的"修改意见"，由苏州大学吴建华复核（吴按）。

  ② 编注：吴按，应加"目录"30 卷，"考异"30 卷。

  ③ 编注：孙按，这是沿用清人王鸣盛的说法，实际上当时已有 19 部，另加《旧唐书》和《旧五代史》。

一、《通鉴》的作者司马光 [①]

关于司马光，《宋史》上有一个传。这个传是根据苏轼作的行状（《司马温公行状》）写的。某个人死了以后，把他的生平概略撰述出来，一般都是按年排列，然后请一位有地位的人或死者的门生、亲友写一篇纪念性的墓志，行状就是供做墓志碑文的人参考的。按照苏轼的才学完全可以做司马光的墓志碑文，但是他很客气，只作了行状，而请范镇来做墓志。范镇和司马光是老朋友，两人非常好，但学术主张却不一样。范镇为司马光写的墓志文也很有意思。他把苏东坡的行状全部抄下来，一点不改。所以，司马光的墓志文实际上是苏东坡作的。《宋史·司马光传》也是根据苏东坡的行状作的。清朝有名的历史学家顾栋高作了《司马温公年谱》，从司马光出生到死，按年排下来，一共有四本。这个年谱作得很好，关于司马光的传说故事，里面都有。研究司马光，看一看这个年谱很有好处。顾栋高是一个有名的历史学家，他还作了一个《春秋大事表》，还作了王安石的年谱，名《王荆国文公年谱》。

司马光，字君实，是宋朝陕州夏县（现在的山西夏县）涑水乡人。正因为他是涑水乡人，又作过一部书叫《涑水记闻》，是讲当代事情的笔记书，所以，有人称司马光为涑水先生，称《通鉴》为《涑水通鉴》。《涑水记闻》很重要，讲了他和王安石的意见有什么不同。还有称司马光为司马温公的，这是因为宋朝的官职名称很复杂，还有封爵，司马光死后赠他为"太师国温公"，故后人称他为司马温公。此外，他还有一个谥法叫文正。所以，君实、司马温公、司马文正、

---

① 编注：此章和下一章"司马光和编写《通鉴》的集体"，柴先生在 1963 年中央高级党校讲课结束后，略有增删，合为一篇，以"《资治通鉴》的作者"为题，发表于 1964 年 10 月 4 日香港《大公报·艺林》副刊。

涑水先生都是他。

司马光生于 1019 年。他处的年代是从真宗到哲宗这个时期。他生于天禧三年，正是真宗的晚年，死于哲宗元祐元年（1086），中间经过了 3 个朝代，活了 68 岁。在今天看来，68 岁还很年轻，但在司马光那个时代，68 岁已经是很老了。司马光的父亲是做官的，在他出世的时候，他父亲正做县官。司马光在仁宗宝元元年（1038）中进士时，才 20 岁，后来一直做地方官，到宋仁宗时改做京官，仁宗末年做到谏官（知谏院），神宗初年是翰林学士。司马光修《通鉴》开始于英宗治平三年（1066）四月。当时，王安石做宰相。司马光在政治上是保守派，他反对王安石推行新法无效，政治上被排斥，就搬到洛阳。从神宗熙宁三年（1070）起，司马光长期在洛阳，投闲置散，从此，把全副精力用之于修《通鉴》。所以说，司马光修《通鉴》是在王安石当政时期，是他在政治上不得意那一段。《通鉴》直到元丰七年（1084）成书，司马光已经 66 岁了。第二年神宗死，哲宗立，政局改变，新法罢黜，司马光做了 6 个多月宰相。

司马光做事很踏实，很谨慎。踏实到什么程度呢？他在《答刘蒙书》中说自己是"视地而后敢行，顿足而后敢立"。他做事情很认真，很诚恳，不欺骗，也很刚强。他生平没有写过草书，都是一笔不苟地写楷书。他这个人也很固执，主张一旦拿定就不容易改变，毫不妥协。比如，欧阳修和司马光的私人交情是不错的，但是为了一件小事，俩人争得很厉害。什么事呢？宋仁宗没有亲儿子，过继了一个（就是英宗）。这在封建社会是很普通的事情。过继以后，英宗当然称仁宗是父亲，但对自己的亲父亲又称什么呢？一般人称伯伯，或者称叔叔，英宗不愿意。由于他对自己的父亲有感情，不但称仁宗为皇考，对自己亲父也要称皇考。欧阳修认为这是可以的，司马光认为这绝不可以，只能称英宗的亲父皇伯。司马光平时很尊重欧阳修，欧阳修保荐过司马光，但就是在这个问题上，俩人争论不休，寸步不让。还有韩琦（封为魏公）刺陕西义勇的问题。宋朝有一种制度，把老百姓抓来当兵时，要在脸上刺字，防止逃跑，叫作"刺义勇"。《水浒传》里面说，有人脸上有金印，就是刺的字，这是很不好的制度，是很残暴的事。有一回，陕西正遇到西夏族和宋有战争，韩琦、范仲淹打西夏，韩琦要刺陕西义勇十五六万人。司马光认为"刺义勇"是害民之事，完全不必要，而且态度坚决，毫不妥协。后来，韩琦也很佩服司马光。另外，有一个人叫张方平，和苏东坡父子的关系很好，大家都认为这个人不坏，但司马光却认为他是奸回。既然是奸就是敌人，因而，司马光对张方平的斗争与对欧阳修、韩琦不一样。后来，苏东坡写行状写到张方平时很为难，因为苏东坡父子是张方平提拔的。从上面的几个例子可以看出，司马光的确很固执。

王安石比司马光还倔强，为了坚持自己的主张，宁可丢官不做。有一回，当局要他出使辽国，他不去，他说，我从来没有接待过外使。宋朝接待辽使有仪式：北方使臣来了，南方一定要有人接，叫接伴；走的时候要送，叫送伴。王安石给皇帝上奏章，要做念书搞学问的工作，不干招待宾客的事。过去流传有一个笑话，很有意思。说的是当时包拯做过群牧使，就是养马的，是宋朝特殊的官。有一天包拯请客，要客人喝酒，司马光说不喝，王安石也说不喝。包公说不喝不行。后来，司马光喝了，王安石还是没有喝，包公也没有办法。所以，司马光说，介甫比我厉害，比我坚决，我还喝了一点，他一点都没喝。

司马光在政治上属于保守派，主要表现在反对王安石变法上。王安石很有学问，出名也比司马光早，司马光在 40 岁以前并不很出名。司马光和王安石在一起做官的时间不短，学术上也互相尊重，本来是朋友。到了实行新法以后，关系就不同了。早在仁宗的时候，民族矛盾尖锐，北边是辽（在今天的河北北部），西边是西夏（在今天的甘陕北部），连年发生战事，军费支出很大。因为宋朝的剥削厉害，社会阶级矛盾也很尖锐，出现了庞大的官僚机构，行政经费开支也很大。所以，无论军事上、经济生产上都出现了一些问题。到宋仁宗初年，范仲淹开始进行改革，在历史上叫"庆历新政"，但没有坚持下来。神宗继位之后，王安石上万言书表示自己的主张，他指出，要"富国强兵"就必须根本改革制度。

　　司马光和王安石平常讲学问的时候是好朋友，一接触到改革问题上就不行了。拿房子打个比喻：司马光认为，房子不是到了不能住的时候就不要拆，能勉强住的就要修修补补。他的意思是不要大改，即使要改，也要一点一点地改。相反，王安石认为必须大改，房子要拆掉重盖。司马光和王安石的政治主张完全不同。分歧最大的：一是差役还是免役，二是青苗法的问题。王安石实行的新法里面包括许多法，重要的就是免疫法和青苗法。原来规定的差役，是对有一点财产的家庭实行的，对真正的贫户不派差。事实上，有钱的人并不服役，服役的还是穷人，主要是农民。王安石认为应当改，只要有财产的人家出一点钱就免役了。司马光不赞成，他认为原来不出钱的人家，现在非要他出钱，这不好。对于青苗法，王安石认为在青黄不接的时候借给农户一点钱给予帮助，对生产有好处，是好事。司马光却认为这对富户有好处。由于政治观点不一致，两人的交情也慢慢破裂了。破裂到什么程度呢？王安石做了宰相，宋神宗希望两边的人都用，王安石也用，司马光也用。司马光说，用王安石我就走。王安石也认为，既然用我就不能用他。当时曾经要司马光当枢密副使，这是管军事的首长，司马光不干，却以端明殿学士知永兴军，后一直在洛阳15年。在这15年里，司马光还是有官职的，在洛阳时是翰林学士，后来做了提举嵩山崇福宫。这种宫官是由于宋朝从真宗起就信仰道士，搞天书而设的。所谓"宫"，是指道士庙，提举就是管理道士庙的。其实，庙里有什么可管的！还不是给他一个高薪。司马光做了四任提举嵩山崇福宫，是在野的。直到王安石完了，神宗死了以后，他才上台。

对于司马光、王安石这两个人怎么评价，是个专门的问题。从他们的阶级出身来讲，分别不大，都是官僚家庭。司马光父亲的官不大，王安石的父亲开始也是县令，后来都有相当的地位。从他们的政治观点来看，司马光的主张在客观上对大地主有利，王安石的主张在客观上对农民有利。至于王安石执行得好不好，那是另外一回事，办法和执行是很复杂的问题。现在有一种简单的说法，说司马光代表大地主，王安石代表中小地主。这是个复杂的问题，要说清楚很不容易。

关于司马光这个人的经历、性格、思想，大致如上所述。当然，研究司马光不那么简单，这个人思想复杂，还有一些很特别的地方。例如他反对孟子，对《孟子》这部书很怀疑，对扬雄著的《太玄经》很欣赏。司马光做宰相只有几个月，由太皇太后（哲宗的母亲）主持，他把王安石的新法都推翻了，全都恢复到以前的状况，这也有点过分。王安石最初推行新法，可能有些东西老百姓不习惯，经过十四五年，也慢慢习惯了。朱熹在《朱子语类》里说，司马光在洛阳15年，做了一件好事，写了一部《通鉴》。离开洛阳到朝廷，做了一件坏事，把十五六年以来大家都习惯了的新法又全部废掉，搞得连自己的部下也不赞成，苏东坡父子也表示反对。当时，司马光说要在5天中把免役法改为差役法，全国谁都没有做到，只有蔡京在开封府做到了。于是，司马光对蔡京大为赞赏，认为这个人很有能力。实际上，蔡京是个投机分子，是借这件事抓权。最后，要把司马光诬为奸党的就是蔡京。司马光尽管政治见解是保守的，在王安石实行新法时处于反对派的地位，但他敢于发表自己的意见，在人品上还是不坏的。在《通鉴》里，表现司马光折衷思想的地方很多，他和王安石的斗争也不能不有所发映。

二、司马光和编写《通鉴》的集体

　　司马光是怎么想起编《通鉴》的呢？司马光想编一部书，把从战国开始到五代这个阶段的历史编一部书。他最初作的书叫《历年图》，把从周威烈王二十三年（前403）至周世宗显德六年（959，赵匡胤即位前一年）的历史编成一个简单的年表，也就是现在《通鉴》所包括的年代。《历年图》是在英宗治平元年（1064）作出的，到了治平三年四月，司马光开始修《通鉴》。修《通鉴》以前，他已编成了一部名叫《通志》的书，共8卷。《通志》是《通鉴》最老的名字，是《通鉴》的样本，是从战国到秦的8卷编年史。英宗皇帝看了《通志》，认为很好，命司马光选助手，继续做下去，于是，司马光正式修《通鉴》。最初并没有《通鉴》这个书名，也不叫《通志》，称为《论次历代君臣事迹》。到了第二年（治平四年）十月，英宗死了，神宗即位，才给书题名为《资治通鉴》，并亲自作了一篇序。这篇序后来起了作用。司马光死后，蔡京当政，立元祐党人碑，以司马光居首，要把司马光定为奸党，夺他的官，禁他的书，把新法推行不好的责任完全归罪于司马光，连他的封号都割掉了。当时，姓司马的人都成了问题，搞得很厉害。有一个人姓马，叫马纵一，他的官名是排岸司，连起来就是"排岸司马纵一"。有一次，他去见上司，上司一听他的名字吓了一跳，说："你姓司马？"后来他就不敢用司字，成了"排岸马纵一"。蔡京要废掉司马光的《资治通鉴》，一看有神宗皇帝的序。有人说不能废，把皇帝的序都废掉了是要闯祸的，蔡京才不敢废掉《通鉴》。

《通鉴》一共修了19年。这19年，正是司马光从48岁到66岁的时间，也是他的学问成熟的时期。但要做这样一部大书，必然需要助手。司马光遵照英宗的命令自己选了助手，而且是选用了当时第一流的人当助手。元丰七年（1084）十一月进呈《通鉴》的表文中，助手也列了名，他们的次序如下：

检阅文字 —— 司马康

同　　修 —— 范祖禹

同　　修 —— 刘　恕

同　　修 —— 刘　攽

编　　集 —— 司马光

这几个人在《宋史》中都有传记。

司马光首先选了刘恕。刘恕比司马光小13岁。司马光48岁开始修《通鉴》时，刘恕只有35岁，是一个县令。司马光是怎样认识刘恕的呢？司马光在31岁那年做过一回考官，18岁的刘恕去应考。刘恕在省会试时考了进士第一，殿试时没有考取。宋朝的考试和明清不同。明清时，你如果会试时考了进士第一，殿试时没有考上，仍然保留你的功名，下次再考。宋朝不一样，如果会试时考取了，殿试时没有考取，不保留功名，下次还得从头再来。当年，司马光是统考官，所以认识了刘恕。《宋史》卷①四四四《文苑传》云：刘恕，字道原，筠州（今江西高安）人。司马光编次《资治通鉴》，英宗命自择馆阁英才共修之。光对曰：专精史学，唯刘恕耳。即召为局僚。关于这件事，《温国文正公文集》卷六五《刘道原十国纪年序》也有记载，还说："凡数年史事之纷错难治者，则以诿之，光蒙成而已。"刘恕死于

---

① 编注：党校本《介绍》有关《宋史》卷数的表示不统一，为读者阅读方便，均改成书面表达方式，即《宋史》卷XXX；其他类似情况均统一。

元丰元年（1078），只活了 47 岁，在《通鉴》著成前 7 年就死了。

刘攽是《后汉书》专家，比司马光小 4 岁。《宋史》卷三一九本传说：刘攽字贡父，临江新喻人（今江西新余）。与兄敞同登科，仕州县二十年，始为国子监直讲。熙宁中，判尚书考功，同知太常礼院。尝诒安石书，论新法不便，斥通判泰州。以集贤校理判登闻检院、户部判官知曹州。为开封府判官，复出为京东转运使。徙知兖、亳二州。黜监衡州盐仓。哲宗初，起知襄州。从他的经历来看，一直在州郡和京师做官，没有居洛阳。他只修两汉部分的长编，和司马光不可能当面商谈《通鉴》的工作。在初稿作完以后他就不管了。所谓初稿，今天我们叫长编。

范祖禹是范镇的侄孙，比司马光小 22 岁。他参加修《通鉴》虽然晚了 3 年，但搞的时间最长，约有 15 年，一直在洛阳，始终没有离开，《宋史》卷三三七附其从祖《范镇传》说："祖禹字淳甫，一字梦得。幼孤，叔祖镇抚育如己子。进士甲科。""从司马光编修《资治通鉴》，在洛十五年，不事进取。书成，光荐为秘书省正字。"《温国文正公文集》卷四十五有元丰七年《荐范祖禹状》说："自祖禹年未二十为举人时，臣已识之，今年四十余，行义完固，常如一日。""臣于熙宁三年奏祖禹自前知资州龙水县事同修《资治通鉴》，至今首尾一十五年。由臣顽固，编集此书久而不成，致祖禹淹回沈沦，不得早闻达于朝廷。"由此看来，范祖禹在同修书诸人中年龄最小，在书局时间最久，贡献最大。

司马光的儿子司马康进馆也不晚，也是搞了十几年。

以上几个人都是经过皇帝同意的，不是私人招的，编修《通鉴》所需要的全部开支都由公家出。所以，《通鉴》实际上是官修的书。编《通鉴》这个集体不大不小，一共 5 人，并且年龄一个比一个小。始修《通鉴》时，司马光 48 岁，刘攽 44 岁，刘恕 35 岁，范祖禹才

26 岁。范祖禹进馆时 29 岁。至于检阅文字的司马康只有 17 岁。这是一个老少结合的写作集体，很值得注意。司马光在修书过程中，曾经病过一回，很危险，司马光已经写了一个表。表里面说的是什么呢？还是反对王安石的新法。他后来病好后，表没有上成，还留着。《通鉴》这部书直到元丰七年十二月修成。元丰八年神宗就死了，司马光在《通鉴》修成两年以后也死了。要是他早一点出来做宰相，这部书就不一定修得成；如果他在上表的时候死了，这部书也搞不成了。恰好，司马光在世时，《通鉴》就刻版了。

关于几位助手的分工，胡三省在《新注资治通鉴序》中说："修书分属，汉则刘攽，三国讫于南北朝则刘恕，唐则范祖禹，各因其所长属之，皆天下选也。"但是，清朝有一个很著名的历史学家全祖望作过一篇文章，叫《通鉴分修诸子考》。文章提到一个材料，是司马光写给范祖禹的一封信。信中说：你要是看见魏、晋、南北朝的材料给刘攽，五代的材料给刘恕。全祖望根据司马光的这封信，说胡注里面讲的分工不对，刘攽是从两汉一直到魏、晋、南北朝，刘恕是搞五代，范祖禹搞唐。大家认为全祖望的说法不对。关于这个问题，抗战期间我在辅仁大学的时候，陈垣先生要研究生写文章分析全祖望的说法。司马光最初有这样的想法，信也是真的，但那是在收集材料、作长编的时候，后来没有这样做，刘恕本来不是五代史专家。前年出了一本《宋司马光通鉴稿》，翦伯赞同志写了一篇文章，关于分工是按照胡三省的说法。马上就有一个人写文章驳翦老，说：我看到全祖望的说法，你这个说法是错的。后来翦老回了他一封信说：谁错了！全祖望是错的，我没有错。现在我们还是按照胡三省的说法。

《通鉴》所以能成此巨著，享此盛名，和这个编书的集体有关，和司马光这个主编的认真负责态度更有关系。参加修书的诸君虽同预修史，实际只是作长编，对材料，参与讨论，以至总持大纲，笔削取舍，都是司马光自任其劳。我们今天能够看到的还有一个司马光手写的《通鉴》永昌元年的提纲，有文物出版社影印本。这个提纲，后来改动也很大，但可以看出司马光的勤勤恳恳。他在进通鉴表中所谓"臣之精力，尽于此书"，应是实情。全书义例一贯，文字亦大体一律，这是集体合作与个人负责相结合的典范。

三、《通鉴》的史料

在我们最熟悉的二十四史里，到五代为止有十七部：《史记》、《汉书》、《后汉书》、《三国志》、《晋书》、《宋书》、《南齐书》、《梁书》、《陈书》、《后魏书》、《北齐书》、《周书》、《隋书》、《新唐书》、《新五代史》、《南史》、《北史》。《通鉴》记 1362 年史事，所用的史料很多，除十七史外，凡是司马光那个时代能见到的五代以前的历史资料，他都搜集参考。

中国的学术、文化，到宋朝有了一个很大的变化。唐朝只有写本，到了宋朝有刻本，开始有了像今天这样装订的本子。就书籍来讲，宋朝新印了许多书。这时，印刷术已经发明了，从宋初到司马光修《通鉴》已有 100 多年，旧书新书都印了不少，书籍流通了。宋朝的皇家图书馆崇文院藏书不少，现在留下来的《崇文总目》就是宋朝皇家图书馆的书目。宋朝绝大部分的书是南唐李后主的书。五代文化最高的是南唐，它的写本书是最著名的，今天已经绝无仅有了。宋灭南唐以后，把南唐的书全部从南京搬到开封，放在皇家图书馆里面。与司马光同时代的李淑、宋敏求也是大藏书家。总之，到了宋朝，公家藏书、私人藏书都很多。宋仁宗还把自己做皇子时候府里面的书3400 多卷送给了司马光。所以，司马光修《通鉴》所参考的书是不少的，史料是不愁缺乏的。

但是，如果你要问究竟《通鉴》引用了多少史料，却是很难答复的问题。清朝纂修的《四库全书总目提要》（简称《四库提要》），说《通鉴》引用了322种书。这个说法是根据南宋人高似孙撰的《纬略》讲的。今天我们看见的《守山阁丛书》本《纬略》又说，只用了222种。可能是《四库提要》错了，也可能是《守山阁丛书》本少写了100，这个问题不大。清末有一个湖南人叫胡元常的刻了一个《通鉴全书》，曾根据司马光的《通鉴考异》所载书名作了统计，有272种。这只是一个大略的数字，不能当成绝对的数字。它包括十七史在内，却不包括文集中的所有材料。从《通鉴考异》中提到的书名来看，已有272种之多。而《通鉴考异》是有问题的才考，没有问题的不考。《通鉴考异》所没有提到的书，一定还不少。所以说，272种是最少的数字，最多的数字是多少？还无法弄清楚。这说明《通鉴》史料之丰富。更重要的一点是，《通鉴》所采用的史料，今天还保存的与佚失的大约各一半，如果《通鉴》当时不收入，则已烟消云散；如果《通鉴考异》不提书名，我们更不知道那些书中是什么内容了。

按照我们今天读的《通鉴》全书来考查，《通鉴》所用史料多少并不平衡。大致情况是这样的：

从战国到三国一段，大致用《战国策》、《前四史》、荀悦《汉记》之类。因为到司马光的时候，并没有发现什么新材料，他只要选择就是了。西汉也没有什么新的，就是《史记》、《前汉书》。在宋朝，西汉的新东西不多。东汉就不同了。像范晔的《后汉书》、袁宏的《后汉纪》，司马光参考了，今天我们也看见了。也还有别家的书是今天我们看不见了，司马光当时还能见到一部分。所以说，东汉部分有他见到而我们见不到的史料，但不算很多。从史料价值来讲，三国以前的新史料不多。我大致算了一下，从战国到三国668年，《通鉴》作了78卷。在那78卷中，年代长，新材料不多。

从晋到隋353年，作了106卷，有很多新材料。所谓新材料，是我们今天见不到的，司马光见到了。这一段历史，除正史外还有诸家晋书及南北朝史作参考。比如我们今天说的十八家晋书是在唐朝修《晋书》以前修的，现在佚失了，在宋朝的时候还能看见一部分。崔鸿的《十六国春秋》，是北魏时修的，现在看不见了，司马光写十六国就是用这个本子。萧方等的《三十国春秋》现在也没有了，司马光引用了许多。《宋书·艺文志》以后把萧方等的等字去掉，变成了萧方。萧方等是梁武帝的孙子，用了一个佛经上的名字。梁武帝时，萧韶写的《太清纪》，是专门写侯景之乱的，现在没有了。还有裴子野的《宋略》、孙盛的《晋阳秋》、习凿齿的《汉晋春秋》，均在引用之列。刘知幾认为《宋略》比《宋书》好，可惜今天我们看不见《宋略》了。它是编年体，司马光用《宋略》的地方很多，不但用《宋略》的本文，还把《宋略》的话移过来作为《通鉴》的论。《通鉴》引裴子野的《宋略》"论"有11[①]次之多。从史料价值来讲，魏晋南北朝这一段，除了十七史以外，新材料不少。这些材料今天看都是宝贵的，当时如果不修《通鉴》，我们现在就不知道这些材料了。

至于唐、五代一段就不用说了，材料来源与欧阳修、宋祁修《新唐书》、《五代史记》时条件相同。司马光看见了唐、五代的实录，这是国家档案里面最完整的东西，《通鉴》常常是根据实录来写的。从唐朝起，每一个皇帝都有实录，都是按年编的，从档案里来的材料比较接近事情的原貌。可惜唐朝这一代的实录，一点都没有留下来。五代的实录现在也看不见了。只有韩愈当文章作的实录留下来了。顺宗皇帝是一个短命皇帝，他只做了一年皇帝。他的实录是韩愈作的，附在

---

①　编注：孙按，此处原为"十"，经核当为"11"，并经文意增"论"字。

韩愈的文集里面，页数不多。真正那些最重要的皇帝，像太宗、高宗、玄宗的实录都没有了。当然，在修《旧唐书》、《新唐书》的时候还能看见实录。《通鉴》是编年书，大量地用了实录的材料，是很难得的。在唐朝的书中，司马光特别重视柳芳著的《唐历》。《唐历》不是历书，是唐朝的编年史，现在也没有了。至于小书就更多了，比如写安史之乱的《河洛春秋》，写唐明皇到四川的《幸蜀记》，现在都没有了，而《通鉴》大量地用了。此外，由于用原始材料，考一件事可以有几种不同的记载互相补充，互相订正，有左右逢源之乐，与三国以前史料缺乏的情况就大大不同了。《通鉴》写五代的事多取《旧五代史》，今本《旧五代史》是辑本，这就愈使人觉得《通鉴》材料的可贵。

《通鉴》作为一部巨著全书是一贯的，史料价值却不同。唐、五代第一，最重要；魏晋南北朝第二；战国至三国第三。古代的历史因为事情不多，所以他考异也很少，差不多就是把古人的文章简化一下，文字讲得明白一些，系统一些，精炼一些，没有多少新的。到了魏晋南北朝，特别是到了唐、五代，东西多了，材料充分了，可又遇到了另一个问题。比如某个材料的说法不一样，你说今年，他说明年，到底是今年还是明年？你要做决定。这本书你说是张三的，他说是李四的，究竟是谁的？还有姓同名不同，或是名同姓不同的。地点的说法也可能有分歧，都要做答复。司马光发现有的古人是凭主观臆断，不准确。这就逼着他去考异。司马光的方法比前人高明，他说明某书怎么讲，某书怎么讲，觉得某书对，就用某书。

我们试把《通鉴》三个时期的卷数作一比较：

战国至三国　　　668 年 [①]　　　共 78 卷

资治通鉴介绍

117

[①] 编注：崔按，《通鉴》从公元前 403 年起，止于五代（959）共 1362 年。依此则为，战国至三国（前 403—265）668 年，晋至隋（265—618）353 年，唐、五代（618—959）341 年。《介绍》初版恐有疏忽。

晋至隋	353 年	共 106 卷
唐、五代	341 年	共 110 卷

从上面的卷数比较中可以看出，《通鉴》的史料是后多于前，越到后面越丰富，当然，论史料的价值也是后胜于前了。

《通鉴》搜集的材料的确很丰富。这些材料并非都能用上，但是第一步他都要搜集，下面我们讲长编问题时再说。

《通鉴》这部书的史料可信。我们以前做过这样的工作，找一些高年级的同学，拿上一卷、半卷《通鉴》去查一查，查一查这段话是从什么书上来的？他有一些什么改动？查的结果，一般是文字有改动，内容不改，文字上改动是因为全书要求一律。如果内容改了，他就有考异。我们做了一番调查研究之后，更觉得《通鉴》了不起，句句有来历。当然也有查不出来的地方，那是因为这个材料今天没有了，但我们相信它，相信这个史料可信。本来，后人修前代的书，一般不能起史料书的作用，史料书一般是用前代的书，不用后代的书。《通鉴》这部书就是厉害，起到了史料书的作用。

四、《通鉴》的编纂方法 ①

关于《通鉴》的编纂方法分二段来讲，先讲长编阶段，后讲修书阶段。

《通鉴》是编年史。从《史记》以后，作纪传体史的人多，作编年史的人较少，编年史而流传的较少，可以借鉴的不多。司马光要编写一部大书，首先要考虑体例，不能不接触下列几个问题：

---

① 编注：此章柴先生在 1963 年中央高级党校讲课结束后，略有增删，以同题发表于 1965 年 11 月 3 日香港《大公报·艺林》副刊。

（一）限断问题

　　一般说来，既然是编次历代君臣事迹，应该从古到今，一直通下来。可是，《通鉴》既不是从古代写起，也不是到宋代为止，而是从周威烈王二十三年（前403）起，到后周世宗显德六年（959）止。为什么从周威烈王二十三年写起？如果按照我们刚才的讲法，司马迁作"六国表"，第一年是周元王元年，司马光不从这一年写起，也不用周威烈王二十一年（前405）、二十二年，用了二十三年，这是司马光的独特见解。如果从古代起，不用说，编年有困难。如果从有年代可计的朝代写起，那么，《史记·十二诸侯年表》起于共和元年（前841）。就是从战国写起的话，那么，《史记·六国年表》是从周元王元年算起。周威烈王二十三年距周元王元年已经73年，前人从未以这年来划分年代。司马光不敢续《春秋》，又不按《史记》的分段，他认为周威烈王二十三年是周的严重时期。原来晋是韩、赵、魏、知伯，知伯被韩、赵、魏消灭了，变成了三国。尽管自己也称孤道寡，但是周天子不承认，没有名义。当然也传了好几代。到了周威烈王二十三年，也是大势所趋，周天子命韩、赵、魏三家为诸侯。司马光认为这一承认就糟糕了，他们由不合法变成了合法，是周室衰落的一大关键。所以，司马光著《通鉴》从这一年开始。《通鉴》在这一年作了一篇长论，以为：三晋不请于天子而自立，则为悖逆之臣。今请于天子而天子许之，谁得而讨之？固三晋之列于诸侯，非三晋之坏礼，乃天子自坏之也。这是司马光在本书中开宗明义的第一篇论，反映出了他维护周天子的统治和原有的政治制度的意愿，这同书以《资治通鉴》命名是完全一致的。

　　下限为什么止于五代呢？这是由于宋代自有国史，不依据国史而另编一本有困难。况且，事情涉及本朝，有些事也不好说。司马光于英宗治平元年进《历年图》，已明确从周威烈王二十三年到后周显德六年止，这是《通鉴》的雏形，可见原定计划就如此。这部书上不通古代，下不到现代，是不是司马光不研究现代呢？司马光也是研究现代的。比如他的《历年图》，前面补上伏羲至周威列王二十二年一段，显德六年以后，又补上他自己所作的《国朝百官公卿大事记》（此书今无传本），直到英宗治平四年神宗即位止。后来，司马光还作了《稽古录》20卷，这是极简单的编年史，是一部从古到今的书，重要的事情加以论断。朱熹很欣赏《稽古录》，因为它简而明。另外，司马光还写了《涑水记闻》，是专述当代史事的。《通鉴》之所以只写到五代末年为止，大概是宋朝那一段不好修。本朝人总是有一些顾虑。《通鉴》最后一段，讲不讲赵匡胤是有困难的。赵匡胤开始是在后周世宗那里当兵，是从小将慢慢升上来的。他讲了，说太祖皇帝当兵，太祖皇帝很勇敢，写了很多太祖皇帝，只写好的。但真正要写太祖皇帝，应从宋朝怎么起家讲起，这就不好写了。看起来写本朝确是有困难的。

（二）纪年问题

我们中国古代的年月，最早的现在也搞不清楚了。中国古代也无年号，春秋王元年、公元年，当时纪年，如此而已。到了汉武帝，历史上出现了一个新情况，就是皇帝有了年号。这一年是某一个皇帝元年，叫什么年。从汉武帝起，每个皇帝都要建元立号，于是以年号来纪年。

用年号纪年给中国历史造成了很多复杂情况，这是年代学里面一个复杂问题。但是，学历史的人不能避开这个问题，学编年史更不能离开这个问题。年号问题是够复杂的。汉武帝在位54年，前面是 6 年换一次年号，换了 6 次；后来是 4 年换一次年号，换了 4 次；最后只剩一年就完了。54 年里面搞了 11 个年号。现在如果有人随便问我一下：某某几年是汉武帝哪一年？我是说不清楚的。汉武帝第一个定年号就搞得这么复杂，后来的皇帝学习他的样子，糟糕透了。好一点的是汉光武帝刘秀用建武这个年号用了 32 年。唐太宗的年号一直是贞观，是最好的。唐高宗在位 34 年，换了 14 个年号。最麻烦的是一年里面正月用这个年号，3 月就换了一个朝代，用别的年号。更要命的是一年之中有 3 个年号，汉献帝末年是建安二十五年（220），他自己又改了一次年号，叫延康元年，事隔不久，曹丕篡位，年号叫黄初，两朝就有三个年号：建安、延康、黄初。最使人为难的是武则天，她的花样很多，年号常常换，一年换 3 次。后来，年岁越大，也更迷信了，只要不称心就换一个年号，都是最好听的，什么"如意"、"长寿"、"万岁通天"、"大足"、"长安"，武则天在位 21 年用了 17 个年号。另外，今天某人在某个小地方起义了，首先要有一个国号、一个年号。某人谋反了，他也要搞一个年号。还有当时一些附属国家，他们也要搞年号，日本的年号就是从中国学去的。后来，一直到明太祖才解决了年号太繁的问题。

明太祖朱元璋这个人专制得很，但是他建立了一个好规矩，每个皇帝不能用两个年号，对学习历史的人有好处。他一直用"洪武"到三十一年。明朝是一个皇帝一个年号，当然也有例外的。明太祖立了这个规矩是件好事，不然清朝一个皇帝在位 60 多年，换好几个年号，那就不得了，写历史的人怎么办？

司马光编《通鉴》关于纪年最难的是两个问题：一是在分裂的时候怎么办，二是一年里有几个年号怎么办？在统一时代，纪年问题不大，一到分裂时期，用谁的年号纪年，就出了问题，因为牵涉到封建时代所谓正统和闰位问题。如三国鼎立,《通鉴》用了曹魏的年号"黄初"来纪年,不用蜀的年号,也不用吴的年号。司马光为什么要用曹魏的年号来纪年呢?他在《通鉴》黄初二年的一篇论中有说明:"苟不能使九州合为一统,皆有天子之名而无其实也。然天下离析之际,不可无岁时月日以识事之先后,据汉传于魏,而晋受之;晋传于宋,以至于陈,而隋取之;唐传于梁,以至于周,而大宋承之,故不得不取魏、宋、齐、梁、陈、后梁、后唐、后晋、后汉、后周年号以纪诸国之事,非尊此而卑彼,有正闰之辨也。"对于这件事,《司马文正集》卷六五《答郭长官纯书》也反复说明:"借其年以纪事,非有所取舍抑扬也。"尽管司马光再三解释,编年史上用谁的年号纪年,仍然被看作是个严重的问题。朱熹在《通鉴纲目》中就是不满意司马光,刘备怎么能放在曹丕的下面呢?千方百计要把刘备提上去,反过来以蜀汉为正统。事实上,三国只有曹魏年号,下面又不分注吴蜀的年号,显然曹魏是主体。《通鉴》中有太和二年诸葛亮入寇的记载,后人有所訾议。有人写诗问:欲起温公问书法,武侯入寇寇何人?这人是站在刘备这一边的。除了三国,南北朝全用南朝年号,直到隋文帝开皇九年以前的事,还用陈的年号记,到陈亡才用隋文帝开皇十年。对于这个问题,虽然司马光也以三国的例子来解释,我们看,当时多少有些夷夏南北之辨,以宋、齐、梁、陈纪年,与唐以来的传统也不一样。这个问题后世人反对少,那是因为有一种民族思想在酝酿。但一部编年史既然写南朝,也写北朝,甚至北朝的事情写得比南朝多,不分注北朝年代,使读者茫然不辨,纪年为南朝,纪事则为北朝,很不方便,也不合乎事实。这种纪年法有缺点。

至于一年里面有几个年号怎么办的问题,按照我们的想法是写明这一年是什么,又是什么年,排清楚。可是司马光不排,他用最后一个年号。比如某个皇帝上半年是一个年号，元年、二年、三年……到了下半年改成另一个年号，司马光就用下半年这一个年号，还是元年、二年、三年……《通鉴》的年号都有元年，但不一定有末年，所以我们说他这个办法是头齐脚不齐。这个办法有缺点，改了一个年号，还是元年、二年、三年，但到底是哪一年仍然不清楚。

有一本书和《通鉴》的纪年方法相反，这就是陈垣先生的《二十史朔闰表》。这本书专门讲中国封建时代的年代，一年一行，每年有12格，每一格有中历、西历，是专为研究二十四史用的。看编年书查《二十四朔闰表》最方便。陈垣先生这个表是只说末年，不说元年。要是一年改两三个年号，他一定写末年，不写元年。所以他的书都是二年、三年，一看就明白这一年几月改为元年。陈垣先生认为，有二年一定有元年，而有元年不一定有二年。现在中华书局出的新本子，在这方面做了一些补充。

《通鉴》纪日是用甲、乙、丙、丁。这个规矩没有改，一直到清末，《清史稿》还是用这个方法。司马光修《通鉴》前，有一个专家叫刘羲叟，他曾参加过欧阳修写的《新唐书》，是天文学家、历法学家。刘羲叟作了一部书叫《长历》。司马光修《通鉴》的时候，刘羲叟已经死了。《通鉴》在纪日时，甲子、乙丑、丙寅、丁卯是用的《长历》，历法的错误比较少。但是用甲子、乙丑也不方便，前面有甲子这一天，后面又有甲子这一天，到底前一个"甲子"和后一个"甲子"相差几天？要算一下才知道。背熟六十个甲子很有必要，也很容易。自己画一个表，横十格，竖六格。先从左到右，从上到下依次写上"天干"十属：甲乙丙丁戊己庚辛壬癸，写六次，排头都是甲。然后，再从第一格开始依次写上"地支"十二属：子丑寅卯辰巳午未申酉戌亥，写五次。这样一排，就排出了下面这个表：

六十甲子顺序表

甲子	甲戌	甲申	甲午	甲辰	甲寅
乙丑	乙亥	乙酉	乙未	乙巳	乙卯
丙寅	丙子	丙戌	丙申	丙午	丙辰
丁卯	丁丑	丁亥	丁酉	丁未	丁巳
戊辰	戊寅	戊子	戊戌	戊申	戊午
己巳	己卯	己丑	己亥	己酉	己未
庚午	庚辰	庚寅	庚子	庚戌	庚申
辛未	辛巳	辛卯	辛丑	辛亥	辛酉
壬申	壬午	壬辰	壬寅	壬子	壬戌
癸酉	癸未	癸巳	癸卯	癸丑	癸亥

有了这个表很方便，假如你看这一天是甲午，下面是甲辰，差10天。甲午、乙巳差11天。有了这个简单的表，日子问题就解决了。拿这个表来对，《通鉴》有许多错误。

读《通鉴》还有一个用古字问题。如疆圉（丁），大荒落（巳）都是天文字，代名词。新本子都注明白了，老本子没有注，但《尔雅》的《释天》里面都有解释，一查书就知道了。

（三）起草长编的问题

作《通鉴》这样的巨著，不可能毕其功于一役，中间也有个工序问题。司马光决定先作长编，然后就长编删定成书。

所谓长编，实际上就是一个初稿。长编要求材料要广泛，年月必须清楚，要把所有比较重要的历史事实都按年月排列起来，这是很费力的事情，也是极细致的工作。从纪传体的材料改为编年史，常常苦于时间不明确。司马光有《与范内翰（祖禹）论修书帖》云：且将

《旧唐书》纪志传及《统记》、《补录》并诸家传记小说以至诸人文集稍干时事者，皆须依年月添附；无日者附于其月之下，称是月；无月者附于其年之下，称是岁；无年者附于其事之首尾；其无事者可附者，则约其事之早晚，附于一年之下（见《通鉴释例》）。这里提出了一些处理年月日的办法，指示周详。在另一个与范淳夫的帖子中也提到：请从汉高祖起兵修长编至哀帝禅位而止，其起兵以前，禅位以后，于今来所看书中见者，亦请令书吏别用草纸录出，每一事中间空一行许素纸（注：以备剪开粘缀故也）。隋以前者与贡父，梁以后者与道原，令各修入长编中，盖缘二君更不看此书。若足下只修武德以后，天祐以前，则此等事尽成遗弃也。二君所看书中有唐事，亦当纳足下处，修入长编耳。这个帖子，牵涉到分工问题，这是最初分工，后来有变动，前面已经说过了。这里应当注意的是助手分别担任做一个时期的长编，要互相支持，省得重复费工夫，交代得很明确。

长编的分量是很大的。相传唐朝一代就有 600 多卷，但经司马光删定的只有 100 多卷，差不多删去六分之五，留下六分之一。可见在长编上加工也还有一段艰苦的历程。不过长编的基础好，第二次加工就好办了。司马光死后，洛阳还有两间屋子的残稿，多半是长编的底本，可惜没有留下来。这种做书的方法可以学习。

以上是第一阶段工作上要解决的问题。

（四）史料的选择问题

长编的史料那么多，要哪些史料，不要哪些史料，首先有个取舍问题。

司马光究竟要些什么材料呢？

首先是政治史。这部书是《资治通鉴》，顾名思义，写书是为了要巩固封建统治。《通鉴》既是为政治服务的书，司马光在选材时无疑偏重政治史了。"鉴"就是镜子，镜子能反映现象，美者自美，丑者自丑。宋朝人不能用镜子，是避讳的，所以叫《通鉴》。司马光本来的意思是要把《通鉴》进献给皇帝看，希望皇帝读了这部书以后，把当代的政治搞得好一点。"资治"是帮助皇帝统治的意思。《通鉴》修成以后，从北宋的皇帝一直到南宋的皇帝都经常找人给讲。司马光自己也给皇帝讲过几次《通鉴》。

《通鉴》里面讲的政治，主要是讲国家的兴亡，朝代的兴亡，讲一个国家一个朝代是怎样一步一步兴起来的，又是怎样一步一步亡下去的。好皇帝，政治清明的，他写。他所谓好，最高标准是西汉的文帝、景帝，到汉武帝时就差一点了，但尚有可取之处。封建社会真正好的典型不多，走上坡路的不多，唐太宗时到顶了。《通鉴》不但写皇帝本人，还写宰相，也写大臣，写敢于劝谏皇帝的人。《通鉴》对于历代王朝的政治措施、政治集团中重要人物的事迹和言行，特别是教忠教孝的事例，凡属于封建道德范围内的所谓美事，都尽力予以正面表扬，作为后人学习的榜样。另一方面，《通鉴》也写政治上的腐败，不厌其详地记述那些"伤天害理，残民以逞"，丑恶不堪入目的事情，作为深切的教训和鉴戒。《通鉴》揭露封建社会阴暗面的材料比光明面多。封建社会本来是残暴的，剥削很重，阶级矛盾尖锐，不但坏皇帝坏得不堪，就是最好的皇帝也有丑闻，更何况南北朝那些皇帝。比如：汉灵帝的荒唐，晋惠帝的愚蠢。晋惠帝很糊涂，他说：老百姓没有饭吃，为什么不吃肉？他就不懂得老百姓连饭都吃不上，哪有肉吃？他听见青蛙叫，便问：青蛙叫是为公还是为私？下面的人回答：在公地上叫是为公，在私地上叫是为私。晋惠帝生于深宫之中，长于妇人之手，当然不了解现实生活。这样的皇帝在中国的历史上多得很。大臣里面有些人是很公正的，也有奸臣、贪官、搞欺骗的。

《通鉴》里写坏人坏事坏得出奇的多着呢。《通鉴》揭露封建社会阴暗面的材料大大超过了光明面，他的意思是叫皇帝看看这个坏人的下场，要当心，那样会亡国。尽管司马光的目的是为了给统治阶级敲警钟，筹对策，却在客观上暴露了封建社会的本质。

《通鉴》写农民起义也很多。它揭露官吏剥削贪污，弄得民不聊生，对农民有一定的同情。但农民真正起义了，他又说他们是"贼"、是"寇"，这里可以看清楚《通鉴》作者的立场。

在《通鉴》的政治史中，最突出的又是军事史。军事史是政治史的一部分。《通鉴》里面写军事的分量是最多的。因为在封建社会里，战争不断发生。其中有对外的战争，有和汉族以外各族的战争，大部分是统治集团内部争夺政权的战争，也有相当多的农民起义和镇压农民起义的战争。陈胜、吴广起义，打了五年，后来不是农民起义战争了。三国时的黄巾起义，尽管张角很快失败，但这次起义延续了好几年。南北朝北魏时，北方大起义，隋末农民大起义，唐末黄巢起义，都是大规模的，战争时间很长，《通鉴》里写得很详细。此外，统治阶级内部争霸、争王位的战争为最普遍。没有天下打天下，打完天下守天下。我们说是争王位，历史书上讲是篡位，这样的事情很多。从前有人给《左传》起了一个名字叫"相砍书"，左丘明喜欢写战争，而且写得特别好。以《通鉴》比《左传》，战争的比重更大，那更是"相砍书"了。

《通鉴》于对内对外战争大小毕书，而且写得很好。凡是一次大的战役，他一定写上发动战争的原因，双方讨论军事计划的几种争论，对战事成败的分析，以及战争具体过程，详详细细地叙述。如历史上有名的赤壁之战，淝水之战，高欢、宇文泰沙苑之战，李存勖、朱温夹寨之战，写述都很详细。《通鉴》是研究我国古代军事史的好材料。唐代后半期有一次裘甫农民起义，尽管《唐书》写得很少，司马光写裘甫起义却很详细。裘甫是在浙江绍兴府起义的。当时，有一个人向他建议，占领浙江绍兴府以后发兵长驱南京、卡住渡口，就好对付中央部队了。裘甫没有采用这个建议，而是驻守绍兴。结果，唐朝军队从长安赶来镇压了这次农民起义。读到这里，我们就会有所感触，农民起义军里有人才，裘甫不用，导致起义很快失败。可惜！可惜！

《通鉴》特别喜欢写用兵。著名的马陵之战，孙膑与庞涓斗智就是一例。孙膑是齐国人，庞涓是魏国人，原来是师兄弟。后来二人各走各的路，最后在战场上见了面。孙膑见庞涓的军队来了就急速退兵，今天驻营用 100 个灶，明天用 70 个灶，后天只用 50 个灶。庞涓不知是孙膑的计策，以为孙膑兵力减弱，就拼命地追，追到马陵被孙膑打败了。东汉有一个虞诩，被派去当太守。羌人知道了，便在半路截他。虞诩的军队很少，只好退兵。他今天退一个人造两个灶，明天退一个人造三个灶。羌人追来数灶，以为援兵到了，不敢再追。虞诩很快到了上任的地方。有人问他：孙膑以减灶取胜，你为什么以增灶取胜？虞诩回答：条件不同，情况不同。孙膑兵多，怕庞涓不上圈套所以减灶，以引庞涓来追。我的人少，如果不增灶，也许被敌人吃掉。司马光描写用兵是千变万化，对人很有启发。三国时的贾诩，帮助张绣打曹操（即战宛城）。曹操败了，张绣要追，贾诩说，你不能追，追了一定要失败。张绣不听，结果大败。这时贾诩又说，现在可以追了。张绣问，怎么这时又能追呢？贾诩说你相信我，这时追了一定能打胜仗。张绣追了，果然打了胜仗。张绣问贾诩是什么原因，贾诩说：曹操用兵厉害。当初他退兵一定是国家有事，而他退兵一定要断后，以防人追。你那时追正好吃了他的圈套，所以失败。后来曹操打胜了，他看你不行，没有估计到你会追他，又急于回国，也就顾不得后边了。这时去追他，一定能够打胜仗。清朝胡林翼作了一部《读史兵略》，有军事史的意思，实际上不够军事史。而《读史兵略》大部分材料取自《通鉴》。用兵要有勇有谋，《通鉴》里勇谋都有。五代有一个人叫王彦章（王铁枪），是五代唯一的勇将，后来被唐军所俘，宁死不屈。他是勇有余而谋不足。司马光很欣赏他，写得很详细。

除政治史外，关于经济史方面的材料，《通鉴》也有一定的重视。我国古代的历史学家对于经济问题是重视的。因为经济问题不解决，政治也会成问题。孔夫子认为，足食、足兵、足信三个条件，在迫不得已只能保留一个时，可以先弃兵、弃食，信不能弃，因民无信不立。其实，几天不吃饭可以坚持，长时期就不行了。这是孔子和他的门生讨论过的问题，但不知道学生的思想上真正解决了没有。司马光认为不能弃食。班固的《食货志》就是讲国家经济生活问题的。对于这个道理，古人懂得。所以，《通鉴》里的经济材料也不少。《通鉴纪事本末》搜集了239件大事，经济只有两件。这是因为许多经济材料分散，不够一个总题目，而《通鉴纪事本末》又是按题目写的。《通鉴》对于历代的经济制度和一时的经济措施，与国计民生有关的事情大体都有记载。如土地问题，豪强如何争夺土地，北魏的均田制、曹操的屯田制都有记载，赋税问题、钱币问题也写得很多。特别是官吏的剥削、贪污对人民的影响记得不少。所以，《通鉴》中的经济材料虽然没有政治材料那么多，但重要的经济材料都用上了。有人说《通鉴》太注意政治，完全不注意经济。不能这样说。不是不注意，只是分量没有政治史、军事史重，并且记载不详尽，尤其是记载生产斗争的资料太少。

至于文化史和文学、艺术、宗教等内容，比经济更少。因为这部书太大了，原来长编里有的，后来去掉了不少，文化这一部分留得最少。屈原、陶渊明是大文学家，《通鉴》上却没有提到。杜甫也差一点漏了，只是从王叔文口中吟诗才提到的，一行是因进谏才提到的。今天的人看杜甫与白居易在文学史上的地位，应该说杜甫比白居易高一点。但在《通鉴》里，白居易见得太多了，杜甫见得太少了，原因是当时杜甫的地位很低，直接和政治发生的关系少。白居易则不同，他当了翰林学士后，屡上奏书，对当时的政治表示态度，他的乐府诗，也对当时的政治作了一些讥讽，《新丰折臂翁》就是其中之一。《通鉴》对白居易的诗记得不少。有人提出：为什么《通鉴》里写白居易多，而写杜甫则少？不能拿今天的眼光来看问题。凡是纯粹文学的东西，《通鉴》都记得不多。韩愈、柳宗元是唐宋八大家之一。柳宗元不但是文学家，还是哲学家，具有朴素唯物主义思想。司马光写柳宗元在政治上是失败了。司马光记了他两篇文章，《梓人传》和《种树郭橐驼传》。梓人是个木匠头目，他指挥许多人盖房子，他没直接参加盖房子，最后房子盖成了，却说是梓人造的。这篇寓言是来对宰相说的，是说宰相应该怎么做才对政治有影响。《通鉴》摘录了一段来用，说明它有很高的价值。《种树郭橐驼传》是说有一个驼子会种树，种下去后不是早上摇摇它、拔拔它、晚上抓抓它，两三年树就长起来了。这篇寓言是对县令讲的，意思是说，你不要扰民，要让民休息。这篇寓言有助于治国之道，司马光采用了。韩愈写的与政治有关系的文章，司马光也采用了。历史家王通、刘知幾，《通鉴》只写了其卒年。《通鉴》能写上某年某月某日某人卒，就很不简单，此人一定是有代表性的人物。近人念书念到某个古人死了没有写出年代而常常批评司马光，这是不对的，因为这个人排队还不够资格，所以他不写。他写的文化人物分量确实少，因为他这部书以政治史为主。

《通鉴》是从以上几方面选择典型材料的，对一般人的事情写得不多。如果写，这个人总是有代表性的。比如唐朝有一个人叫阳城，很有文学修养，人品也不错，皇帝请他来做谏官。阳城做谏官一年多，吃得很好，可什么话也没有说。韩愈写了一篇《争臣论》骂他，阳城不理会。有一天，皇帝要罢免正直的宰相陆贽，起用一个坏人裴延龄。在皇帝盛怒之下，谁都不敢上奏章。阳城则不怕，很勇敢，他说裴延龄是坏人，陆贽是好人，如果用裴延龄，圣旨下来我就撕了。结果皇帝的圣旨没有敢下。后来裴延龄当政，千方百计降他的官职，把他降到湖南当刺史，做地方官。上官收赋税很重。阳城见百姓太苦了，便不好意思收税。上级派判官来检查，却找不到刺史。阳城哪去了呢？他坐监牢去了，坐在本地设的衙门监狱里。判官看见他自己写的两句考语（即今天的鉴定）："抚字心劳，征科政拙，考下下。"意思是：我的心用尽了，征科不行，我应该坐牢。判官对他说：我不是来考你，是来看看你。判官在那里住了三天，他也不回家，昼夜坐在监牢门口的一块木板上。判官无可奈何，只好回去了。上面的监司说不行，再派判官来，新派来的判官带着老婆孩子溜了。在封建社会，像阳城这样的典型的确很少。《通鉴》也写了特别坏的父母官。例如，唐朝有一个皇帝的本家京兆尹李实。有一年，长安附近闹旱灾，按说，地方官应该要求皇帝免税。李实却向皇帝说，虽说旱年，禾苗长得不错，不能免税。他不管人民的死活，一定要收税，逼得老百姓卖房卖妻。李实下台时，老百姓群起而打之。司马光选这样的人是要当官的引以为戒。

　　《通鉴》这部书之所以写得比较好，重要原因之一是它在材料的选择上很有分寸。当然，在今天看来，仍有许多封建性很强的东西。比如，天上出了一个不常见的星星，就是要变天了，出了彗星更不得了。还有一些当时认为很重要的史料，如制礼、作乐等事，今天看来实在没有什么用处，这是时代不同，观点不同的缘故。由于时代和阶级不同，《通鉴》不可避免地带有某些偏见，但内容很丰富，很典型。

（五）《通鉴》的考异

　　史料本身有异同，要加以选择，加以鉴别，这就是考异问题。古代史料缺乏，一件事情只有一种记载，无法比较。魏晋以后，史料逐渐增多，唐、五代的最多，一件事情有几种说法，甚至相反，怎么办？这种问题，以前的历史学家也遇到过，大致根据修史者自己的判断，决定究竟对不对，他既没有说明缘由，后人也无从查考。司马光对这个问题的态度是实事求是的，采取了负责的态度。凡是材料有异同的，他把两种书对起来，甚至把几种书对起来看，经过反复研究，选择比较可靠的材料收入《通鉴》。他还把各种不同的说法和自己选择的理由全盘托出，逐条加以说明，作成《通鉴考异》30卷。对一般读《通鉴》的人来说，如果不是专门研究历史的，读不读《通鉴考异》关系不大，《通鉴考异》主要是为研究历史的人用的。比如人名不同，年月不对，他都加以考证，并说我选的是可以相信的记载。

　　司马光研究历史的方法，以前人进了一步。当然主观片面的地方也难免，但应该说，选材基本上是正确的，是比较实事求是的。《通鉴考异》是司马光修《通鉴》的副产物，也是《通鉴》这部书在史学上的一种贡献。司马光根据当时情况的分析，拿出自己的主张来，不能叫作主观。假若没有材料，单凭心里想的作结论，那才是有问题的。比如唐朝有一个江南观察使李锜，是个大贪污犯，后来因为谋反被杀掉了。有些材料说得奇奇怪怪，说他临死时交给他的妾一件衣服、一封诉冤状。司马光经过考异批了八个字："李锜骄逆，何冤之有！"又如司马光对李世民的政治很夸奖，但他在鉴别有关李世民的史料时并不带偏见。司马光的家乡在唐初时被屠城一回，向来都说是李渊的主张。司马光说：这次打仗是李世民做主，与李渊无关系，史官为夸耀李世民，把他的错误归罪于李渊和他的兄弟，我不相信。司马光这样的态度是对的，必须用这种态度来写历史。在 30 卷《通鉴考异》中当然也有错误，这是由于当时条件和知识水平等所限制。比如突厥人阙特勤，官号叫特勤，他写成特勒。这样的错误总是难免的，影响不了司马光严肃认真的修史态度。

(六)《通鉴》的"论"

司马光的《通鉴》，不像《春秋》笔法那样麻烦，他着重讲事实。史书重在记事，事实说明，是非也就清楚了。古来史书如《左传》有"君子曰"，《史记》有"太史公曰"，《后汉书》有"论曰"，这是作者因事立论，表示自己对这种事或这个人的看法，有褒有贬，目的是想以自己的观点影响读者。《通鉴》的前身《历年图》就有"论"，《稽古录》也有"论"，可见司马光是重视"论"的。《通鉴》共有186[①] 篇"论"，其中分为两类，第一类以"臣光曰"三个字开头，是他自己的议论，共有 102 篇。第二类是历来史家原有的论赞，他认为对的，移作《通鉴》的论，这样的论有 84 篇，荀子、贾谊、太史公、扬雄、班固父子、荀悦、仲长统、陈寿、鱼豢、华峤、袁宏、习凿齿、孙盛、干宝、虞喜、徐众、范晔、沈约、裴子野、崔鸿、萧子显、萧方等、颜之推、李延寿，以至柳芳、权德舆、李德裕、欧阳修等的论，他都引过。引得最少的是司马迁的论，只引了 1[②] 篇。引得最多的是裴子野的论，有 10 篇。《通鉴》的论分布不平衡，最多的一卷中有 5 篇，也有几卷十几卷没有一篇论的。"论"少的地方大抵是

---

① 编注：孙按，《通鉴》史论总数应为 218（柴 186）篇"论"，119（柴 102）篇"臣光曰"，引用"论"99（柴 84）篇。

② 编注：孙按，引司马迁论 2（柴 1）篇，裴子野论有 11（柴 10）篇，引用最多为班固论，共15 篇。《通鉴》转引史论 1 条者 18 人。

因为事情善恶在叙述过程中已经很明显，不需要作"论"了。刘知幾的《史通·论赞篇》有所谓"论著所以辩疑惑、释凝滞，若愚智共了，固无俟商榷"，《通鉴》正是这样的。司马光所论述的多有关治乱之机，以及所谓为君之道，事君之道。他是因事纳谏，积极为封建政治服务的。其中迂腐之论，带毒素的论自然很多。但也有平正的，如卷二六三论唐代宦官这一篇的论。卷二九一论冯道的一篇，在引用了欧阳修的"论"后再加以发挥。冯道在五代很有名，活了73岁，他自己吹嘘跟孔子一样高寿，并把自己某年某月某日做什么官开了一个单子，很得意。因为五代时时局非常混乱，很多人死于混乱之中，而他一家在乱世中都得以保全。司马光先引欧阳修论曰："'礼义廉耻，国之四维；四维不张，国乃灭亡。'礼义，治人之大法；廉耻，立人之大节。况为大臣而无廉耻，天下其有不乱，国家其有不亡者乎！予读冯道《长乐老叙》，见其自述以为荣，其可谓无廉耻者矣，则天下国家可从而知也。"引完了"欧阳修论曰"后，司马光也发了一通议论，骂冯道是"奸臣之尤，安得与他人为比哉！"

但今天看来，司马光的"论"基本上是不高明的，用处不大，还有许多有毒素。现在读《通鉴》，对"臣光曰"一般不重视，很多地方要批判。我们读《通鉴》一般取事实，不取论点。但如果要研究司马光的思想，研究他作《通鉴》的思想，研究他如何为封建制度服务，那是要读《通鉴》的"论"的。

（七）《通鉴》的目录

《通鉴》是一部大书，据司马光自言："《通鉴》成后，只王胜之阅读一遍，其余未及数卷，便已欠伸。"王胜之名益柔，《宋史》卷二八六附其父《王曙传》。这样一部书，当时只有一人读完，可见部帙太大，阅读很费时间，更何况这部书虽然按年编录，但头绪纷繁，要寻找一件事情很不容易。司马光考虑到了这个问题，因此在修书的同时，作成《通鉴目录》30卷，把每年的重要事件标题列举，可以按目录检寻，比较方便。比如第一部是战国时代的目录，它把各国都写上，这一年，某国有什么事情，那一年，有什么事情都列上。《通鉴目录》实际是《通鉴》的索引。我们现在印《通鉴》没有把《通鉴目录》印上，其实读《通鉴目录》很有用，《通鉴》和《通鉴目录》不能分开。同志们看到书店里有《通鉴目录》，可以买一部。宋本是10册，每年有什么问题，都有标题。不方便的是上面写的甲乙丙丁用古字，我们可以不管它，下面有年号。比如，唐玄宗开元二年（714），它上面写着在《通鉴》里多少卷，这一年发生了什么事情，《通鉴目录》上都写着。这是司马光《通鉴》的最后工作。司马光作《通鉴目录》给读者很大方便。比如某件事、某个人怎么查，《通鉴》里究竟有没有，一般都要查《通鉴目录》，除非你对《通鉴》又点又圈很熟悉。在这30卷《通鉴目录》上，有关历法朔闰和甲子，都是根据刘羲叟的《长历》而成。刘羲叟是宋代天文历法专家，《通鉴》采用《长历》，所以历法方面的错误较少。清代齐召南作《历代帝王年表》，就是以《通鉴目录》为依据的。

五、对《通鉴》的评论

《通鉴》这部书，集合了当时第一流的历史家去写，花了19年的时间才完成，一向被后世史家备极推崇，我们用今天的眼光来衡量，《通鉴》依旧是一部极有价值的重要史籍，是一部好书。但是好书并不意味着没有问题，没有缺点。对于《通鉴》的优缺点，下面分别加以论述。

《通鉴》这部书好在什么地方呢？主要有以下几个方面：

（一）史料价值很高

《通鉴》是用很多史料构成的，史料价值很高。那么，这部书是材料书，是普通工具书，还是参考书呢？这部书可以当作材料书来用。有的书是抄别人的，是第二手、第三手材料，我们是不引用它的。我们史学界的人用什么材料呢？引用第一手材料。比如《纲鉴易知录》，是《通鉴》一简化、二简化、三简化、四简化而成的，当作基本知识看可以，假若我们找材料，引《纲鉴易知录》就不够了，它可以当作普通参考书看。《通鉴》的史料价值之所以高，原因有几个。一方面由于搜集的史料丰富，凡是宋朝人能看到的材料，司马光都有；另一方面由于审查材料认真，材料比较正确。它保存了许多历史资料，其中一大部分是今天看不到的。就以农民起义的史料而论，像唐代袁晁起义、裘甫起义、黄巢起义，《通鉴》所记都比较详细。特别是对历史事件的时间，考得清清楚楚，对研究历史的人有很大帮助。总的来说，《通鉴》的史料绝大多数是可以相信的。当然，错误也不少。司马光作完此书后，向皇帝呈了一个表，说臣之精力止于此，不能保证没有错误。但比较起来，这部书的材料可以引用。具体来说，三国以后至隋的史料价值胜于战国、秦汉，而唐、五代的史料价值又胜于三国以后至隋的一段。所以，研究唐、五代的历史材料，《通鉴》是最能够抓住要害之处的。不管是古代，还是后代，引用《通鉴》1362年里的材料，一般说来都是正确的。

（二）编纂方法比前代史书有很大进步

《通鉴》编纂的方法是值得学习的，特别是他组织了一个小集体，通力合作写出一部书，这是一个很好的典范。他先作长编后成本书的办法，是很稳当的。不是一步作成《通鉴》，而是分两段走，看起来费一些时间，然而功夫扎实。《通鉴》有《通鉴目录》，有《通鉴考异》，比前代史书有很大进步，对后来的史书也有很大影响。全书体例严谨，前前后后脉络分明。擅长于叙事，却又详而不芜。尤其是史料出自众书，文字风格都经过一番裁剪陶铸，如出一人之手。还应该注意的是，书中写了某个人物。假如后来又写到他的子女，司马光一定说明某人是某人之子也，某人是某人之孙也，给读者以方便。司马光是一个踏踏实实的人，《通鉴》是一部实实在在的书。钱大昕说："读十七史，不可不兼读《通鉴》。《通鉴》之取材，多有出于正史之外者，又能考诸史之异同而裁正之。昔人所言，事增于前，文省于旧，唯《通鉴》可以当之。"（见《文集》卷二十八《跋〈宋史新编〉》）

（三）文章风格一律

文章各有风格。司马迁的文章是一个路子，班固的文章是一个路子，范晔的文章又是一个路子，十七史的文字、腔调都不一样。但是，司马光编《通鉴》，不仅包括了1362年的史料，整部书的文字风格又是一致的。《通鉴》不仅是历史书，还可以当文章读。他很少用偏僻难懂的话。凡是前人讲的难懂的话，他都改为比较容易懂的话，用了很大的力量来加工。所以《通鉴》不算难念。

以上是《通鉴》的优点。从史料、编纂方法、文章三个方面来看，《通鉴》确实是一部很有价值的书，司马光的贡献是很大的。

至于缺点，也可以从两方面讲：

（一）用年号编年有缺点

《通鉴》的编纂体例，分裂的时代采用年号，应该分别标明。在分裂时代用一个年号有问题，一年有几个年号，他只用最后一个，常常使人弄错了，所以，读《通鉴》要注意。这个问题前面讲过，就不多讲了。

（二）《通鉴》的主要缺点是立场、观点问题

司马光是 1086 年死的。他开始修《通鉴》至今已经 900 年了。900 年前封建时代的一个大官僚著书，肯定是站在统治阶级那一边的，《通鉴》的立场观点肯定是为封建统治服务的，但也不专学《春秋》从褒贬上下功夫。书中写了不少农民起义可歌可泣的事情，当写农民受官吏的残酷剥削不能生活下去，起来反抗时，这都还不离事实。那是为了向封建统治阶级提出警告，要他们提高警惕，并不是站在农民的立场上。一到农民举兵起义，《通鉴》就把他们写成"贼"和"寇"，这是作者地主阶级的根本立场，是司马光很大的局限性。他在"臣光曰"中，积极为维护封建统治出主意，企图总结一套维护封建统治的历史经验，为封建制度服务。

另外，司马光在政治上是保守派，他的保守思想在"臣光曰"中也有充分反映。凡是历史上保守的人，他都赞成。比如荆轲刺秦王这件大事。太史公在《刺客列传·荆轲》里写得慷慨激昂，司马光却认为燕太子丹派荆轲刺秦王是很冒险的。他认为燕国之所以亡，太子丹

和荆轲要负责任。他斥荆轲为盗。事实上秦灭燕是必然的。只不过是早晚而已，荆轲刺秦王燕要灭，不刺秦王燕也要灭。凡采取革命手段、暴力方法的，司马光都反对。卷十二论贯高，以为使张敖亡国者，贯高之罪。卷十七论李广、程不识用兵。他不赞成李广，认为李广冒险，不如程不识稳当。李广、程不识都是汉朝人，善于用兵。李广用兵打仗很勇敢，但不注意安营扎寨。李广常常打胜仗，有时也打败仗，打了败仗，被匈奴擒住，又能够杀回来。程不识和李广相反，每到一个地方就设营扎寨，警惕性很高。程不识打仗不大胜，也不大败，李广是大胜也大败。司马光的态度很明确，宁学程不识，千万别学李广。在唐代牛僧孺、李德裕朋党之争中，有个取舍维州的问题。维州在四川北边，李德裕主张取维州，牛僧孺主张舍维州，对这个问题的是非向来有争论，司马光赞成牛僧孺的主张。胡三省注云："元祐之初，弃米脂等四寨以与西夏，盖当时国论大指如此。"西夏问题，也是新旧党争争论的一个焦点，司马光当政后实行他的主张，宁可捐弃国土。这是由于他保守思想直接影响到政治，问题比较严重。国土怎么能够放弃呢？诸如此类的事，司马光投票都投到最稳当的一面，这是他明哲保身，不敢变革的保守思想的反映。由于作者有保守思想，他写起书来，不管是直接、间接，有意、无意，是要影响人的。因此，读《通鉴》这部书，必须对司马光的立场、论点有个正确的分析，才不至于受他的影响。

六、胡三省的注

同我们读《通鉴》有关系的是胡三省的注。

《通鉴》是一部大书，引史事及有关典章制度，许多地方不容易懂得。因此，《通鉴》到了南宋时期，已有三家释文。一是司马康释文，刻于海陵（泰州），故称为海陵本。陈振孙《直斋书录解题》著录，有20卷，《宋史·艺文志》作6卷，现已不存。二是史炤《释文》，《直斋书录解题》及《宋史·艺文志》均作30卷，今存。三是蜀费氏本《通鉴音释》，附在正文之下，传下来了，但有残缺。据胡三省考证，一、三两本都是书贾请人做的，海陵本托之于司马康，费本间有自己的意见，都是从史炤《释文》抄袭而来的。史炤《释文》很简陋，并且错误多，胡三省作《通鉴释文辩误》，作了许多纠正。直到宋朝末年，才出现了胡三省注，这是《通鉴》最好的注本。

胡三省，字身之，浙江台州宁海人。生于宋绍定三年（1230），死于元大德六年（1302），活了73岁。关于这个人的事迹，过去不清楚，《宋史》、《元史》里都没有胡三省的传。《新元史》有传，极其简单，没有什么史料。从前的人作年表说他最多活了58岁，这是根据胡氏《通鉴释文辩误·自序》作于至元二十四年（1287）丁亥而错误断定的。他活了73岁的生卒年代，是根据《宁海县志》载他儿子所撰墓碑才知道的。胡三省的事迹淹没了600多年，直到陈援庵先生作《通鉴胡注表微》才弄清楚。

编《通鉴》不容易，作《通鉴》的注也不容易。十七史中，《史记》、《汉书》、《后汉书》、《三国志》四史有注，其余十三史都没有注。司马光的《通鉴》出来以后，念《通鉴》的人有困难，但胡三省作了注。胡三省《通鉴注》从《晋书》以下至五代，都要自起炉灶作注，工程非常艰巨，比王胜之读《通鉴》一遍当然难，比袁枢作《通鉴纪事本末》也难得多。司马光等5人修《通鉴》修了19年。胡三省为《通鉴》作注搞了30年，并且是一个人搞的。所以，胡三省这个人是值得纪念的。

胡三省是宋末人，27岁登宝祐四年（1256）科进士，和文天祥

（状元）、陆秀夫、谢枋得等人为同榜。文天祥的名声比他高。宋亡以前，胡三省做官，曾在大奸臣贾似道手下做文字的官，提出抵抗元朝的主张，贾似道不理他。后来亡国了，他便回乡隐居著书，以全部精力注《通鉴》294卷，前后30年，中间还丢失过一次稿子，后来又重新注过。他两次注法不一样。第一次作注是《通鉴考异》的办法，依陆德明《经典释文》例作广注97篇[①]，著论10篇，注和《通鉴》本文分开了。后来因为兵乱把稿子丢了。这个人有毅力，丢了再作。第二次的注是跟着《通鉴》跑，以《通鉴考异》以及他的自注散在《通鉴》原文之下，就是现在传世的本子。

胡三省为《通鉴》作注注了些什么呢？

一类是注音，这个字念什么。古时候有的字很难念，不知道念什么，他用声韵作了注。这个字怎么讲他也注，把拦路虎给我们去掉了。

一类是典章制度。《通鉴》的官名非常多，这个官是什么时候设立的，管什么事情，是几品官，他注得很详细。凡是《通鉴》上新出来了特殊的官名，他都有注。

第三类注地名。就连《通鉴》里最难懂的地名，一般他都注。大地名容易注，小地名难注。有的小地名，比如一个村子平常接触不到，一打仗就出名了，胡三省都知道在什么地方，都加注。这可不容易。不过，他注的地名与我们今天的地名也不完全一样。从《通鉴》注完成算起，距现在已经600多年了，要与今天地名一样，是不可能的。现在有《地名大辞典》，是根据他的注作的，只是用了今天的地名。但是"今天"这两个字，也很难讲。《地名大辞典》是在二三十年以前作的，现在地名又有改变，不过改变不大。胡三省注的是南宋的地名，从《地名大辞典》上可以查到大致在什么地方。

---

① 编注：孙按，胡序"篇"作"卷"。经吴核，是。

第四类人名。司马光注的是：某人是某人的儿子，某人是某人的孙子。三省注的是某人是某人之父，并注上在《通鉴》哪一卷里可以查到。

最麻烦的是注穿的衣服。古人穿什么样的衣服，有字没有图，我们根本没有概念。胡三省就替你作注，什么颜色，什么式样，什么长短，都注得很详细。

胡注还有人物批评，注中随时发表议论。

总之，我们读《通鉴》读到最困难的地方，胡三省的注里尽可能都有。地名、人名、典章制度、天文地理他都注。向来注书的人都有一个毛病，想走捷径，看古人有什么成绩，把它们综合起来，算作自己的。清朝末年王先谦对《汉书》、《后汉书》有功劳，但都是把前人的书加以综合，没有自己的心得，不是念不懂要注，而是为注而注。胡三省却不同。他念到自己不懂的地方就注，所以注得最多。

《通鉴》胡注的优点很多，重要的有以下三点：

1. 胡注不单是作注，实兼校注。胡氏所用的《通鉴》，相传为元兴文署刊行本，凡是原书有错误的地方，胡氏都替它校正了。他用的校书方法，根据理论和学识判断的"理校"为多，以各种有关书籍来校的"他校"次之，以本书校本书的"本校"和取古本相比对的"对校"则较少。我们把胡氏所改的字和今天流传的宋本来对，胡氏所改往往是对的，可见校勘功夫很深。当然，胡氏也难免有错，如《日知录》卷二十七摘出他断句有错误，就是一例。

2. 胡三省对于《通鉴》所载的有关典章、制度、音韵、训诂，都有详细注解，特别是对于官制、地理两方面的注原原本本，考证精详，因此，向来以胡氏为地理学家。其实，细看胡注，胡氏何止长于地理而已，他是一个博学而有见识的人，《通鉴》胡注本身，就是一部博大精深的学术著作。

3. 胡三省生活在元兵入侵、国破家亡的时代，和司马光修《通鉴》的时代大不相同。他对于民族的危急，生死存亡之际，随时在注中发表议论，往往有"呜呼痛哉"、"天乎人乎"等沉痛的呼声。如卷二八五契丹入汴，帝与后妃相聚而泣，召翰林学士范质草降表，注曰："臣妾之辱，惟晋宋为然，呜呼痛哉！"又说："亡国之耻，言之者为之痛心，矧见之者乎？此程正叔所谓真知者也，天乎人乎！"这种悲愤的文章，处处蕴藏着亡国遗民不忘恢复的思想。这当然也是地主阶级的思想，不过包含有爱国主义思想的成分。

研究胡注《通鉴》的书，清代人陈景云撰《通鉴胡注举正》，原有 10 卷，现存 1 卷，凡 63 条，以考证地理为多。钱大昕《通鉴注辨正》2 卷，共提出 140 余条，也是以考证地理为主，其中涉及声韵、句读。如范雎的雎，应读子余切，不当读虽；万俟丑奴不当读万作莫之类。读音有误是宋人的通病，胡氏也难免。至于钱大昕看不起胡三省，以为夏虫不可与语冰，未免失言。

1944、1945 两年，陈援庵先生作了《通鉴胡注表微》一书，分别刊登在《辅仁学志》第十三、十四两期，近年科学出版社有重印本。这书是专门研究《通鉴》胡注的书。陈老先生的《通鉴胡注表微》分二十篇，前十篇分为《本朝》、《书法》、《校勘》、《解释》、《避讳》、《考证》、《辩误》、《评论》、《感慨》、《劝戒》，是关于史法的；后十篇分为《治术》、《臣节》、《伦纪》、《出处》、《边事》、《夷夏》、《民心》、《释老》、《生死》、《货利》，是讲历史事实的。《通鉴胡注表微》的做法，以《通鉴》原文顶格，胡注低一格，下注《通鉴》卷数，陈先生自己的话又低一格，眉目很清楚。总共用胡注精语750 多条，引证的书籍除正史外，有 200 种之多。自从有了《通鉴胡注表微》，胡三省的思想、学问和胡三省注的价值，才大白于天下。当然，这本书也反映了陈先生的思想，他借胡三省的注来发挥自己在抗日战争时期的爱国思想。

　　读《通鉴》是离不开胡注的。胡三省的注，确实帮助我们解决了大问题。如果大家觉得文字上有问题，胡注不能解决，查查字典，大致也就解决了。宋本《通鉴》的部头很大，所以没有把胡注编在里面 ①，元朝以后的本子都有胡注，胡注跟《通鉴》的关系是紧紧相连的。但胡注不是依附于《通鉴》的，《通鉴》有《通鉴》的价值，胡注也有胡注的价值。

七、《通鉴》的版本

　　《通鉴》的版本有两类，一类有注，一类没有注。从版本来说，宋本好，错误可能少一些，但没有注。元朝以后的本子，都有注。《通鉴》的祖本是元祐元年（1086）杭州刻本，今天已经见不到了。绍兴二年（1132）有余姚重刻本，江安傅增湘影印宋椠百衲本，用七种宋本凑集而成，即以余姚本为主，仅存176卷。只有北京图书馆所藏绍兴二年本294卷是足本。涵芬楼的《四部丛刊》本，号称余姚本，其实避讳至光宗止。此外，《通鉴目录》、《通鉴考异》，《四部丛刊》也各有影宋单刻本。章钰的《通鉴校宋记》，共用九个本子校对，江苏书局本在一般胡注刻本中是比较好的。

　　现存的《通鉴》有注的本子，一般叫《通鉴》胡注元刻本，不容易得到。这个胡不是胡三省，是嘉庆二十一年（1816）鄱阳胡克家覆元刊胡刻本，这是现存胡注的最好本子。后来，江苏书局、武昌书局石印本都从这个版本出。太平天国以后，曾国藩在江苏重刻《通

---

　　① 编注：孙按，胡注元初才完成。

鉴》，把原书一页一页撕下来贴在木板上，从后面往前翻印，翻印了八十几卷。这时，在江西鄱阳找到了胡刻本子，这个本子是前面存在，后面遗失了，于是江苏书局就出了前207卷用胡刻原版刷印，后87卷翻胡刻本。胡元常刻《通鉴全书》，刻本并不见得好，只是包括了有关《通鉴》的书大小9种，比较完全而已。后来商务印书馆出的排印本，分订60册，有句读，很方便，流行很广。石印《通鉴》不好。清朝版印得很讲究，但有不少错误，常常漏行、漏字。

现在最好的本子，是解放后古籍出版社新印的标点本，是由十几位历史系教授标点，校点极认真，吴晗同志也参加了。在最初标点这部书的时候，大家认为很容易，一点到胡三省的注，问题便出来了。胡三省的注引了很多东西，是从什么书上引来的？你点到哪里为止？那就一定要对原著，有时原著没有了，怎么办？所以，标点这部书很不容易。应当说，现在这个版本是最好的[1]，当然小错误也难免。现在的本子有许多好处。这个本子除了将原有的古代甲子乙丑还保存着，下面再注上西历，看起来很方便；它是按年月排的，一个日子一段，每事另起一行，眉目十分清楚；原来司马光的"臣光曰"在文中，不容易找，这个本子把它提行了，头绪就清楚了；这个本子还引了章钰的《通鉴校宋记》作参考，把《通鉴校宋记》的精华都吸收在里面了，对读者有很大帮助。但是，当初没有考虑印一个《通鉴目录》，不能不说是件遗憾的事，应该有《通鉴目录》。当初没有印，将来应考虑单独印。

---

[1] 编注：中华书局2011年繁体竖版为最新版本。

八、与《通鉴》有关的几部书

司马光说，《通鉴》作成以后，只有王胜之一人读完了。王胜之没有多少学问。就是因为只有他一个人把《通鉴》念完了，他才出的名。王胜之当时能看完《通鉴》是了不得的，其余的人看看就打哈欠，困了。为什么呢？并不是因为部头大，而是因为它与科举考试无关。从前，一般人读书是为了作诗、填词、应考，他看《通鉴》干什么？以后，念《通鉴》的大有其人，并且成为一种风气。做学问的人都说《通鉴》太好了。凡是跟《通鉴》有关系的书，都是作者念《通鉴》的心得。这里先讲几个人，举几种书。看看古人是怎样念《通鉴》的。

（一）袁枢的《通鉴纪事本末》①

袁枢，字机仲，建安人，生于宋高宗绍兴元年（1131），死于宁宗开禧元年（1205），活了75岁，做官做到工部侍郎兼国子祭酒。著有《通鉴纪事本末》，事迹见《宋史》卷三八九本传。

在中国的史籍中，编年纪传等史体，或以年月为主，或以人物为主，或以制度为主，也有专记言论的。但以一个历史事件的发生发展和结束为主的、原原本本的记述方法，南宋以前还不具体，从袁枢作《通鉴纪事本末》才开始有。

袁枢作《通鉴纪事本末》，本传列在他做严州教授的时候。说他最喜欢诵读司马光的《资治通鉴》。大凡念书都有一个过程。第一次念的时候，觉得书好，很满意，甚至佩服得五体投地。再念，就发现

---

① 编注：此节柴先生在1963年中央高级党校讲课结束后，略有增删，以"读《通鉴纪事本末》"为题，发表于1965年11月3日香港《大公报·艺林》副刊。

问题了，觉得这部书有优点也有缺点，这就提高了一步。第三次念就感到光念不行，要有自己的意见，自己的心得。袁枢念《通鉴》念得很熟，因此就看到了《通鉴》有缺点，读《通鉴》有困难。《通鉴》内容浩博，又是一年一年排的，一件事情经过好多年，不容易抓住头绪，更何况 1362 年的史事中，有多少很重要的事件，每一件事的起因、经过、结果是怎样的，要翻很多卷书才弄得明白。举例说，汉武帝打匈奴打了几十年，如果要问他打匈奴的情况，看《通鉴》一时难以说出来。武则天当政前前后后的情况又如何？《通鉴》天天记、年年记，要问全过程到底是怎么一回事，一时也说不清楚。因而，袁枢想著一本书来弥补《通鉴》的这个缺点。他把分散的事情集中起来，以事情为中心，仍按《通鉴》原来的年次，抄上原文，把司马光的"论"也抄上，给他标上一个题目，袁枢自己没有一句话。这样，共编了 239 个事目。这种作法，看起来容易，似乎就是抄书，但也要有相当的功力。首先，选出这么多题目，就要熟悉《通鉴》的内容，发凡起例，又必须有史学见解。我们能算出袁枢作《通鉴纪事本末》只用了两年时间，却没法估计他熟读《通鉴》到底花了多少年的时间。《通鉴纪事本末》印出以后，给了读《通鉴》的人很大的帮助。碰到有关的 239 件事情，就不用看《通鉴》，看袁枢的《通鉴纪事本末》就行了。

  《通鉴纪事本末》不仅为《通鉴》读者服务，还开创了历史编纂的一种新体裁，而且是一种很好的体裁。这种体裁后来逐渐有所发展，有许多书都是照《通鉴纪事本末》的方法来写的。这是袁枢对《通鉴》的贡献，对史学的贡献，也是他读《通鉴》的心得。袁枢的《通鉴纪事本末》出来后，参知政事龚茂良得到书，奏于皇上。孝宗皇帝读了之后十分夸奖，把它赐给东宫和江上诸帅，命令他们熟读，说："治道尽在是矣。"说是治国的道理都在里头。杨万里在《通鉴纪事本末》的序中说："初，予与子袁子同为太学官，子袁子录（宋太学有正录、学录官）也，予博士也，志同志，行同行，言同言也。后一年，子袁子分教严陵。后一年，予出守临漳，相见于严陵，相劳苦、相乐，且相楸以学。子袁子因出书一编，盖《通鉴》之本末也。"杨序作于淳熙元年（1174）三月。相别不过两年，袁氏已编成，可见，袁枢编书的时间并不长。又据王应麟《玉海》言："淳熙三年，参政龚茂良言袁枢所编纪事，省益见闻，诏严州摹印十部。"元年成书，三年便已摹印，足见流传得很快。

《通鉴纪事本末》的分量，约占《通鉴》的二分之一。全书共计大小 305 件重要事情（239 个事目 [①] 加上 66 条附录），其中绝大部分为军事、政治，经济方面的只有两条：一是奸臣聚敛，一是两税之弊。至于文化方面，一条都没有。一般说来，凡是材料可以集中起来的，他都集中了，零散的材料或篇幅不很大的材料，他不集中。当然也有遗漏，也有很重要的材料他没有集中的。另外，《通鉴纪事本末》没有注。因此，除了材料集中的题目查阅比较方便外，其余还只有阅读《通鉴》。《通鉴纪事本末》不能代替《通鉴》，不能因为《通鉴纪事本末》重要和方便，就看轻了《通鉴》中的其余材料。《通鉴纪事本末》只能作为阅读《通鉴》的工具书，不能作为原始材料，引用时仍当根据《通鉴》。

从《通鉴纪事本末》239 条的内容，按其性质和袁氏用字的习惯，可以清楚地看出袁氏坚定的统治阶级立场。他的书法特点是每一件事都有个动词，而且常用这种动词，我作下一个统计，例如：

用平字 29 次，如光武平赤眉、唐平东都、太宗平突厥；

---

① 编注：吴按，此"239 个事目"，应为"239 件事情"。

用据字 23 次，如孙氏据江东、苻氏据长安、钱氏据吴越；

用灭字 23 次，如魏灭蜀、周灭齐、契丹灭晋；

用叛字 23 次，如七国之叛、六镇之叛、吐蕃叛盟；

用乱字 20 次，如西晋之乱、安史之乱、藩镇之乱；

用篡字 20 次，如王莽篡汉、杨坚篡周、郭威篡汉；

用寇字 10 次，如元魏寇宋、裘甫寇浙东；

用伐字 9 次，如祖逖北伐、桓温伐燕；

用逆字 8 次，如太平公主谋逆、宦官弑逆；

用讨字 7 次，如袁绍讨公孙瓒、隋讨高丽。

其余如专政、用事、归字、祸字、亡字、变字、争字等，就不一一举了。

封建社会的几种斗争，统治阶级内部的斗争，在《通鉴纪事本末》里面都有反映。从这当中，可以看出袁枢维护封建统治的立场，充满了正统王朝的思想。所谓大事，无非是夺天下，抢王位，牺牲的当然是千千万万的农民。如果说《通鉴》是"相砍书"，《通鉴纪事本末》甲相砍更为明显。历代封建王朝残酷地镇压农民起义，暴露了封建统治残暴的本来面目，但农民起义仍然此起彼伏，始终进行着。《通鉴》正好反映了这种现实。《通鉴纪事本末》更是集中地反映了这一点。关于政治史这一类的重要问题，能集中的他都集中起来了。

《通鉴纪事本末》这部书，宋本 42 卷，239 件事情。明末张溥（字天如，太仓人，为复社领袖），喜欢发议论，能做文章。他对《通鉴纪事本末》也不满意，他觉得为什么袁枢自己一句话也没有？他不评论我评论。于是，他在《通鉴纪事本末》每篇后都作了一篇很长的评论。他的论，是论古代的事情，但都是为当代政治服务的。他论的是唐以前的事情，实际上是针对明来讲的话。当然他的看法也是一家之言，有对的，有不对的。清朝后期有一种本子为《通鉴纪事本末》239卷，因为加上了张溥的论。239卷的本子流行后，42卷本反而少了。这两种本子很容易区别，一有论，一无论。后来有人又把张溥的论集中起来，作为一家之言，编成一本书，名叫《历代史论》。明末王夫之作《读通鉴论》30卷，那是从《通鉴》中自己发现问题才做文章的，和张溥的做法不同。

（二）朱熹的《通鉴纲目》

朱熹是南宋理学家、唯心主义哲学家。但这个人当时的地位和对后世的影响都非常大。孔夫子、孟夫子、曾夫子，叫"夫子"，此外，叫"夫子"的不多，朱熹则叫"朱夫子"。我小时候念书时，老师讲朱夫子长朱夫子短。《论语》、《孟子》都是朱夫子注的。所以这个人影响很大。因为他是理学家的头目，著书很多，维护封建礼教是他的本行。朱熹佩服司马光，很喜欢司马光的《通鉴》。但对司马光有意见。袁枢有意见是从历史事实来看的，朱熹是从书法、观点来看的。他认为《通鉴》记事实太详，书法不完备，观点不够强烈。在我们看来，司马光的封建观点很不弱了，朱熹还觉得不够。于是，他著了《通鉴纲目》。

《通鉴纲目》一书，59卷。朱熹从《通鉴》中节取事实，纲仿《春秋》，目仿《左传》，纲是朱熹手定的，目是他的门人赵师渊所作。朱熹对史料不重视。他说：事实不重要，书法重要。他要学习孔子作《春秋》。据说孔子作《春秋》，使乱臣贼子惧。《通鉴纲目》尊重周天子，否定王莽，不能让王莽占统治地位。其实，王莽统治了十几年，这是客观存在，谁都否定不了。写到三国，朱熹认为决不能让曹丕作正统，纪年一定要刘备。这也不是什么新事情。是在老问题上生芽。陈寿的《三国志》说得很清楚，他把《魏书》、《吴书》、《蜀书》三部书分开，为魏武帝、文帝作本纪，刘备叫先主、后主，到孙权变成传，这里是有分别的：魏第一，蜀第二，吴第三。东晋人很不满意。东晋一个历史学家，名叫习凿齿，作了《汉晋春秋》，他写的是东汉刘备，刘备以后是晋、魏，把吴否定了，以刘备为纪年，阿斗为纪年。司马光处于统一的时代，不存在这个问题。朱熹的时代宋南渡，首都在南方，又存在这个问题了。所以，朱熹不满意《通鉴》没有把刘备作为正统，他要扶刘备，否定曹操。今天看来，曹操的案不容易翻。

综上所述，《通鉴纲目》专重书法，正统观念比《通鉴》还要强，为统治阶级服务也进了一步，没有史料价值。只是由于朱熹名气太大，书又简明，才有很多人丢开《通鉴》去读《通鉴纲目》。其实，《通鉴》直书史事，善恶已经分明了，《通鉴纲目》弄出许多规矩，事实又不足以说明，专从褒贬上做文章，没有什么意义。当然，我们也不能完全否定这部书，《通鉴纲目》选出来的材料也不少，共 59 卷。可是，这部书毒素很厉害，书法也可笑。就书法而言，司马光比他高明。司马光把事实说明白就完了，朱熹却一定要论，要人家迁就他的观点，实际上是唯心主义的，反历史唯物主义的。更可恶的是，宋明以来，有许多人替《通鉴纲目》附加上许多花样，有尹起莘的《发明》、刘友益的《书法》、汪克宽的《考异》、冯智舒的《质实》等七八种书，简直把《通鉴纲目》神秘化了。

到了清康熙四十六年（1707），在《通鉴纲目》之上，康熙皇帝又加上了"御批"。康熙这个人不简单，十几万兵就统治了中国。做了 61 年的皇帝，读的书不少，数学程度很高，字写得也不坏。他很喜欢加批，有些是亲手批的，有些是大臣替他批的。他在《通鉴纲目》上作了批以后，政治性更强了，拿古代的事情教育当时的臣民，更有"现实意义"了。但他这一批不得了，秀才跟着念，除了琢磨朱熹的书法之外，又要揣摩御批了。因为做文章不能违反御批，所以要研究御批。乾隆三十二年（1767），又编了《御批通鉴辑览》一书，把康熙和乾隆的批集中在一起成书。从古代到明代，批得更多。这些议论，大部分充满了封建反动思想，若为研究清代帝王统治各族的思想和方法，倒是提供了很多材料。这些书与《通鉴纲目》不是一回事。现在有一部最简单的书，叫《纲鉴易知录》，是《通鉴纲目》的缩减，事实越来越少。《纲鉴易知录》基本上可以看，是《通鉴》的一个流派，但不能作为史料用。

（三）严衍的《资治通鉴补》

严衍字永思，江苏嘉定人。明万历时秀才。此人很用功，一辈子没有做官，是个穷读书人。据《资治通鉴补·自序》说，他41岁时开始读《通鉴》，万历四十三年（1615）乙卯开始作《通鉴补》，小成于崇祯三年（1630）庚午，又穷十年之力加以改辑，至崇祯十七年 [①]（1644）甲申《宋元续编》也告完成。他有一个学生叫谈允厚。师生二人天天读《通鉴》，研究《通鉴》。据他自己的记载来看，师生二人也很有意思，念完书之后，两人便上小酒店买点酒，买一包花生，一边吃一边论，真是入了迷。他研究《通鉴》也有三个阶段：第一阶段认为《通鉴》太好了，有这么多知识，写了这么多古代历史事实，恨不得一口气读完。再念就提出了问题，认为有些地方还不行。最后决定给它补，因此作了《资治通鉴补》。

---

① 编注：补"十七年"三字，以对应前后文。

关于严衍的生平，文献记述很少，钱大昕《潜研堂文集》为他作传，材料不出严氏《通鉴补·自序》和谈允厚序的范围。严氏要补《通鉴》，当然是对《通鉴》有所不满，据崇祯十二年（1639）谈允厚序中说，《通鉴》有七病：

一曰漏　言太删，太节，亦有重要事件不载的。

二曰复　言一事两载，如贞观十一年七月、十一月，均记突厥大雪，杂畜多死等。

三曰紊　言后事在前，前事在后，编次失序。

四曰杂　言张李互见、甲乙迭书，使读者南北纷歧，东西眩瞀。

五曰误　言事有舛差，分一人为二人，合二人为一人。

六曰执　言温公取舍由己，太固执。

七曰诬　言以皮日休仕于黄巢，其事近诬。

严衍认为，《通鉴》上好多东西都没有记，应该补。文学问题没有，要补；著名的和尚、高僧没有写上，要补；妇女太少了，也应该补。其实，《通鉴》上写妇女的事并不少，不过都不长，是一段一段的。

严氏师生熟读《通鉴》，可以说是胡三省后对《通鉴》用功最勤的人。他发现《通鉴》的一些缺点，击中要害的地方也是有的。但有些地方由于严氏师生对司马光原书体例不够了解，看法也未必对头。他们补的项目有 22 项[①]，如第一项"严正统"，根据朱子《通鉴纲目》，不以王莽纪年，就不是实事求是的精神。又如，"补文章"、

---

① 编注：崔按，应为"23 项"，吴经查该书凡例共 24 项。除末条"别补正"，则为 23 项补正内容。

"补贤媛"、"补艺术"、"补释道"等，这也补、那也补，和原来《通鉴长编》有何区别？怎么知道他要补的不正是司马光所要删削的呢？王应奎《柳南随笔》称它为膨胀《通鉴》，可见所补也未必妥当。严氏又删去《通鉴》一些文字，有补有删，以补为主，其实是改编《通鉴》了。我认为，这部书改编得不好，司马光收罗二三百种史料，取精用宏，而严氏师生所用的材料仅从十七史来，这就不是高明的办法了。

但严氏书"存残统"一项，是针对着《通鉴》纪年方法的缺陷的。如《通鉴》书黄初元年，《通鉴补》则书建安二十五年，以存汉的残统。当然这样改也有缺点，最好分别写。又如《通鉴》每一年号只在第一年标上年号。其余只写二年、三年，猝然展卷，都不知道是何年。《通鉴补》则一律写上年号，所谓僭国年号也分别注在下面，这倒是一项改进的办法。因此，尽管这部书补得过多，未免固陋，如果为了研究《通鉴》而读《通鉴补》，则颇能发现问题。严氏师生花了30年的精力，对后人还是有所贡献的。师徒二人很穷，没有钱，却把稿子留了下来，这也是很不容易的。

《通鉴补》书成之后长期未能刻版，道光四年（1824）离成书时已有180年了，阳城张敦仁才取《通鉴补》中补正《通鉴》原文的一部分，汇录成《通鉴补正略》，分上、中、下三卷刊印。张氏在序中很希望当世有好古人之为严氏刻全书。这个愿望，直到咸丰初江夏童氏开始以聚珍版排印百余部，书才流传。光绪二年（1876）盛氏思补楼刊本问世，这部书的流行渐广，开始为治史者所重视。光绪二十八年（1902），上海益智书局又据盛氏本石印。但刻本并没有所谓《宋元续编》这一部分，想是早就遗失了。

总之，古人读《通鉴》大概就有以上几种情况，一是认为头绪不清楚，就给作了《通鉴纪事本末》；一是认为论点不明确，就作了

《通鉴纲目》；一是认为写得不够，就给他补。功劳最大的是胡三省，给《通鉴》作了注。另外，宋朝还有人读《通鉴》，感觉太多了，于是作《通鉴译节》，有好几个人这样做，现在留下的却很少。

九、怎样读《通鉴》

念《通鉴》有很多种念法，大家可以根据实际情况选择。

（一）有一种念法，是从头念到尾。要从头到尾念完，不是短时间能够办到的，要有一个安排，有的学生立下雄心壮志，一年内念完《通鉴》。我说，你这个雄心很好，但完不成。一年之内你什么事情也不做，365 天每天读一卷，那才能把 294 卷《通鉴》读完。但是，每天都要读一卷书，那是不得了的事，偶尔一天念一卷还可以，两三天念一卷还可以，如果十天八天天天念一卷，那就成了书呆子，就念糊涂了。《通鉴》这部书，如果能在两年念完一遍，那就不错了。所谓念一遍，不是翻书，而是念书，就是一句一句地念。一句一句地念同一篇一篇地念不一样。我们找材料是一目十行，那一点不奇怪，查书嘛，可以一目十行，念书就要一句一句地念。要想什么都念懂也很难，大致懂得就可以了。有不懂的地方看一看小注。这种念法要有耐心，二年念不完三年也可以，甚至四年也可以，反正要把这部书念完为止。我们学历史的人，特别是研究历史的人，是要一句一句地念完的。我们从前念《通鉴》，也说不清楚到底念了多少遍。我有个习惯，有些零碎的时间，读什么都不合适，就翻翻《通鉴》，看了就批批点点，感到有意思的，就给它点上，给它圈上。圈圈点点表示我对这一段特别有兴趣。从头念到尾，花的时间要长一点，不能够急躁。我们读《通鉴》，主要是以我们今天的水平来观察古代的历史事实，所以，时间要从容一点，心要闲一点，要思考思考，有什么意见写上几句也可以。假如规定两年念完，天天赶任务，念完什么也不知道，这样读书就没有多大意思了。

（二）就同志们目前的时间和情况来看，从头到尾地读《通鉴》是不可能的。那也不要紧，可以选读。先选他十卷二十卷，选读两汉可以，选读唐朝也可以。今天我要讲的，主要是这种方法。

选读《通鉴》应该怎么读呢？我的想法，可以分几步走：

第一步，选十至二十卷，读懂。这就要一句一句地念，连注也一起看，搞清楚这个字念什么，这句话怎么讲。假若这部书是我的，我一般是要加点的，它原来有一个点在那里，我给它点上一个大点，表示功夫到了这个地方。这是认真读书的办法。如果不点，三五句话就过去了，点一点，就得停一下，想一想。除了加点，还可以加标题。从前的书没有目录，标题代目录。自己加上标题，这是讲什么事情的，概括一下。这种念法比较扎实，文字都能理解，讲什么问题也很清楚。当然，这样念就慢了！我看慢点好。一目十行和十目一行就是不一样。十目一行是一边看一边想，有思考的余地，这样才深刻。在读第一遍的时候，有些字，特别是官名、地名，念起来有困难。胡三省的注，音韵学不专长。宋以前的人喜欢用反切（拼音）。什么叫反切？中国古人的声韵是，上面一个字同下面一个字合起来切的，比如某个字的读音是某某反切，这就是把第一个字的"声"和第二个字的"母"拼起来。一般讲来，"母"没有问题，"声"因为地方音不同有时搞不清，因而切音有困难。怎么办？查拼音字典。除切音，胡三省其余的注释都有用。烦琐的东西不要管它，如制衣图、车图等。第一遍读完了，回头再读，再读就不一样了。我对这件事情，这个人物已经比较熟悉，头尾都知道了，并且有兴趣，又不满足于司马光告诉的那一点，于是工作就来了，就要查一查别的书。所以，读《通鉴》要和读十七史结合起来。假若这个人是汉朝的，可以查一查《汉书》里面有没有传。《汉书》有目录，一查就可以查到，也可以查《二十五史人名索引》。如果是唐朝人，你就翻《唐书》。参考原书，可以对这个人了解得更详细，更全面，也才知道司马光从哪个地方引来的，为什么他改几句就改得有意思了，很长一篇东西，他是怎样缩短为几句的。还有些很有意思的事情，《通鉴》上没有写，你可以丰富它。把《通鉴》与十七史结合起来读有什么好处呢？知道了找材料的门径，可以熟悉历史书籍。比如武则天，有她的本纪，还有同时代人的很多传记。郭沫若同志写的《武则天》这个剧，就跟《通鉴》不一样。郭老写《武则天》这一段，是太子贤、裴炎、骆宾王要起兵反唐。对于这件事，《通鉴》小注作了考异，不相信确有其事。郭老认为靠得住，可信。郭沫若写《武则天》正是《通鉴考异》里不要的材料。郭老这样做是可以的。你有你的看法，我有我的看法。抗战以前，我们在研究《通鉴》时发现，查《通鉴》的来源是读书的一种手段和方法。当然，不是随便什么人物都查，也没有那么多工夫，先从你感兴趣的人物入手，慢慢地知识就多了，兴趣也大了，将来发表论文也就有材料了。

　　第二步①，你对某个问题就要发表意见了。念得越多，对这些历史事实就有自己的看法，司马光的论点究竟对不对？我们应该吸取什么经验教训？经过一段酝酿，就可以动笔写了。从前的人念书都是这样的。王夫之著的《读通鉴论》共 30 卷，就是读完《通鉴》后发表自己的意见，讲历史事实对还是不对，讲自己的历史观点，这都是读书心得。这种方法可以学。另外，《通鉴》中可歌可泣的事多了，值得吸取的经验教训也不少，可以写随笔。郭老写的《读〈随园诗话〉札记》，就是一段一段写的，很不错。

----

① 编注：原文为"第三步"，据文意应为"第二步"。

读《通鉴》需要一些工具书。比如年表，现在有《二十史朔闰表》。关于地名，南宋末年文天祥的老师王应麟，著有一本《通鉴地理通释》，很好，小地名都有，可惜也是宋朝的地名。清末吴熙载作《通鉴地理今释》，虽与今天的地名仍有距离，但清朝的县和今天的县大致相同，改变不大。我们读《通鉴》的时候，要把《通鉴地理今释》、《地名大辞典》摆在那里，另外还要有《中华人民共和国地图集》，特别是研究军事，没有地图怎么理解？怎么叫前进怎么叫后退，怎么叫胜利怎么叫失败，就茫然了。至于官名，查起来困难一些，胡三省注得差不多，这是一个什么官，管什么事情。现在的历史学还缺少一种专门整理历代官名的工具书[1]，能查某个官是哪一朝的官，多大的官，管什么事。上海最近在修新《辞海》，新《辞海》的官名、地名、历史人物写得不少。这部书出来以后，对我们有帮助。总之，工欲善其事，必先利其器，读历史，要有工具书。

（三）除此之外，还有一种念法，就是钻研哪一路。路子很多，可以同时并进，也可以分路搞。比如研究军事史。《通鉴》里面的军事材料不少，《通鉴纪事本末》里收了很多，但有的还没有收进去。像军事的成败还可以研究。我看《通鉴》里的军事史，主要讲斗智，不是斗力。问题很清楚，最勇的人常常被抓住了。《通鉴》里写谋最多，他写的勇者也真勇，但有勇无谋不行，有勇没有群众不行。司马光当时虽然没有群众观点，但凡是有群众支援的战斗就胜利。凡是死用兵法的必然要失败，而活用兵法的就胜利。最古代的人打仗用车战。赵武灵王的胡服骑射出来之后，车战不行了。到唐朝安史之乱时，有个叫房琯的人在陕西西边打仗，那个地方不是平原，他却要仿学车战法，搞了许多兵车，结果被安禄山的骑兵打得一塌糊涂。《通

---

① 编注：商务印书馆 2015 年出版有吕宗力主编《中国历代官制大辞典》（修订版）。

鉴》嘲笑了他。研究军事史可以算一路。

研究中国历史上的人物，也可以算一路。《通鉴》写人物写得不少。为正义而斗争的人物也不少。那个时候没有什么主义，他认为这个事情是对的，是符合封建道德标准的，就写。比如中华民族有一个传统，叫作不投降，投降是奇耻大辱。李陵是投降的，尽管司马迁对李陵说了好话，说投降有真有假，实践证明，李陵还是没有回来。李陵投降后，陇西李家的声誉一落千丈。我们中华民族历来就很勇敢，宁死不屈。《通鉴》在这一方面是很用心写的，男的女的都有，刀放在脖子上也不屈服，不为强权所制服，这是我们的民族传统。倘若研究一下这样的人物也很有意思。

还可以研究一下封建社会的残暴剥削和统治。封建社会的残暴实在是血淋淋的。许多古里古怪的剥削，今人想都想不到。有一次我们看到这样的记载，他们把一个人的肚子剖开，拉着这个人的肠子走，我看了连饭都吃不下。这些典型材料，很说明封建社会的残酷，对于我们认识封建社会大有好处。

另外，专门研究农民起义又是一路。《通鉴》里，对大小的农民起义都要写，有的清楚，确实是农民起义。有的很不清楚，到底是不是农民起义还值得研究。所以说，研究《通鉴》可做的工作确实不少。

总的说来，《通鉴》这部书是经得起念的。经过这样长的年月，直到今天，我们对这部书的评价还是比较高的。像这样的书，我们研究它一部分或者念它某个方面，作为基本知识来研究中国历史上的问题，是可行的。《通鉴》写了1362年的事情，如果作为基础知识，只嫌多不嫌少。但要集中研究一个问题，我们就只嫌少不嫌多了。

我还有一个想法。我们读书，哪怕这本书是自己的，同志们觉得《通鉴》里某一段事情对自己很有启发，最好另外抄在一个笔记本上，或者作卡片，把它记住。这是一种享受，一种乐趣，对研究问题大有好处。我们不是为读《通鉴》而读《通鉴》，目的是要对历史事实有一个了解，能够对古代这些事加以分析，用马克思列宁主义的观点来鉴定，从中吸取有益的东西。

　　以上讲的，是自己的一些想法，或是自己曾经做过的一些事。同志们在今后念《通鉴》的过程中，还可以去总结念书的经验，很有意思。

附录一 《通鉴胡注表微》浅论 [1]

《通鉴》是一部大书，司马温公自己说过，同时人只有王胜之曾读一遍，可见其不易了。到南宋袁枢作《通鉴纪事本末》，才给读者以很大便利。宋末胡三省作《通鉴注》，比袁枢的工作更繁难，不但替司马温公说明许多事情，也替读《通鉴》的人解除许多难题，给予许多指示，胡注足与《通鉴》并传不朽，已不成问题了。

胡三省，宁海人，是文天祥、谢枋得、陆秀夫三公的同年，是宋末遗民，入元以后，隐居不仕，可是宋元各史，没有他的传，他的立身行事沉埋了将近七百年。钱竹汀《疑年录》根据胡氏《通鉴释文辩误·自序》作于至元二十四年丁亥（1287），就假定胡氏卒于此年，年五十八。钱先生名气太大了，此后考胡氏年岁的，就以钱先生之说为据，不知胡氏卒于大德六年壬寅（1302）年七十三，见其子幼文所撰墓志，收入《光绪宁海志》。

关于胡氏的学问，清朝学者都说他长于地理，究竟《通鉴注》中有些什么，大家并未深究。赵绍祖作《通鉴注商》，于胡注总算用过工夫，但是赵君于胡氏身世，不甚了然，所掎摭的仅是些零碎考据，不中要害，不得谓之善读胡注。王梓材作《宋元学案补遗》，也不知利用胡注为胡氏增些史料。到清末吴士鉴作《晋书斠注》，于胡注还

---

① 编注：本文发表于《上海大公报·图书周刊》第 15、16 期，1947 年 4 月 16、23 日。

是等闲视之，不加详辑，这都是很可惜的！

　　陈援庵先生从北平沦陷以后著作更勤，像《明季滇黔佛教考》、《南宋初河北新道教考》、《清初僧诤记》等，都是博大精深的作品。甲申、乙酉两年之间，专治胡注，对胡注发生极大兴趣，创意作《通鉴胡注表微》。胡注成于至元二十二年乙酉（1285），为临安沦陷后八年，《通鉴胡注表微》成于民国三十四年乙酉（1945），为北平沦陷后八年，前后两乙酉，相去六百六十年，似属偶合，实在这也是先生作书的本意。说是偶合者，在沦陷时期不得不如此说，刊本有先生自识，已经明说此论文为纪念被捕及被俘诸友而作，被捕的是指本国的教授、学生，被俘的是指英、美、荷兰等国的教授，这些都是在沦陷时期共患难的朋友。

　　《通鉴胡注表微》共二十篇，前十篇为《本朝》、《书法》、《校勘》、《解释》、《避讳》、《考证》、《辩误》、《评论》、《感慨》、《劝戒》，是关于史法的。后十篇为《治术》、《臣节》、《伦纪》、《出处》、《边事》、《夷夏》、《民心》、《释老》、《生死》、《货利》，是关于史事的。这二十篇之外，原本尚有五篇，刊本删去，如《君道》、《相业》两篇，并入《治术篇》，《氏族篇》删存一二条附入《考证篇》后，《兵事篇》因为胡林翼《读史兵略》已将胡注谈兵事的部分都收入了，而且兵事古今异宜，不可拘执，便删去了，只在《评论篇》中略提一下。还有《因旧》一篇，最早印出的目录上有的，现在一字不留，这是分篇的经过，值得一提的。

　　《通鉴胡注表微》的做法，是以《通鉴》原文顶格写；胡注低一格，下注《通鉴》的卷数；陈先生自己的话又低一格，眉目很清楚。全书前有小引，每篇前有小序，总计用胡注精语七百数十条。陈先生引证的书籍，除正史外，有二百多种，全书文字约二十余万言。

　　做这样一部大书，是近年史学界不常见的事，从陈先生以往的著作看，这也是一种别开生面的做法。陈先生以前发表的文章，都有影响于史学界，如《元西域人华化考》出版，"华化"二字成为专门名词；《元也里可温考》、《火祆教入中国考》等出版，宗教史大为人所注意；《史讳举例》出版，避讳之学，人人能道；《元典章校补释例》出版，校勘学才有正当的法则；《佛教考》、《僧诤记》出版，佛教语录都成史料，这是大家都知道的。这部《通鉴胡注表微》，是陈先生运用平生擅长的年代学、校勘学、目录学、史源学、考证学、避讳学，及宗教史、元史等优厚的修养而写成，真是"集义所生"者，非"义袭而取"那样容易得来的。

陈先生在北平沦陷期间，常常提倡有意义的史学，他在辅仁大学讲《日知录》，讲《鲒埼亭集》，都是从这观点来的。近些年来，史学的考证方法确比以前进步，不过有些人为考证而考证，渐渐流入琐碎，为世所讥。实在考证是免不了琐碎的，只要看要证的有意义没有。另一方面看，考证固然是一种客观的论断，可是历史的事实有时也需要作者有精确的解释，解释不同，历史就变了样子，《通鉴胡注表微》这部书，在考证的工夫上看，陈先生自然当行出色，在解释历史的一点上看，陈先生确有独到的见解。陈先生是思想、学问、生活打成一片的人，不是徒发空论的。《解释篇》中陈先生曾经说过："以意言之，不专恃考据，所以能成一家之言，此身之自道也。"这不但是胡身之自道，也就是陈先生自道。

现在，我想把《通鉴胡注表微》分开四点来说。

一、陈先生能了解胡三省

《解释篇》曾详考胡三省的身世，说胡氏是有迹无名的隐士，宋亡后谢绝人事，凡二十六年而后卒。《本朝篇》说："身之今本《通鉴注》，撰于宋亡以后，故《四库提要》称之为元人。然观其对宋朝之称呼，实未尝一日忘宋也。"《感慨篇》："《鉴注序》言：'温公之论，有忠愤感慨，不能自已于言者。'然温公所值，犹是靖康以前；身之所值，乃在祥兴以后。感慨之论，温公有之，黍离麦秀之情，非温公论中所能有也，必值身之之世，然后能道之。故或则同情古人，或则感伤近事，其甚者至于痛哭流涕，如卷一百四十六对于襄阳之陷，卷二百八十五对于开运之亡，是也。"《出处篇》："身之注《通鉴》，于出处之节，三致意焉。辑而存之，不啻一卷《梅磵语录》。即身之生平出处，亦可于此见之。如卷五十三之仇香，六十四卷之荀悦，卷一百七十九之李文博，皆身之所以自况也。"陈先生对胡三省了解太清楚了。《解释篇》周民东亡一条，胡注："义不为秦民。"陈先生说："区区五言，非遇身之之时，不能为是注也。昔宋亡，谢皋羽撰《西台恸哭记》及《冬青树引》，语多不可解。明初张孟兼为之注，明亡，黄梨洲重注之，曰：'余与孟兼所遇之时不同，孟兼去皋羽远，余去皋羽近，皋羽之言，余固易知也。'然则诸家不能注，而身之独能注之者，亦以诸家去秦远，身之去秦近耳！"这里很明显地表示先生能作《通鉴胡注表微》，也正是先生离胡身之很近的缘故。所以《解释篇》于韦孝宽陈取齐三策注，说："此身之有感于江上之策不行也。"《评论篇》于田法章为齐王注，说："此深有感于帝昺崖山之败也。"《臣节篇》于李金全背父母之国注，说："此盖为宋末诸降将言之。"《夷夏篇》于契丹用赵延寿注，说："盖有感于金人之立张邦昌、刘豫也。"《释老篇》于梁武专精佛戒注，说："此有感于元时之崇尚释教，而杀人如麻也。"《生死篇》于何太后求子母安全注，说："此有感于宋谢太后臣妾签名之辱也。"像这样的例子，《通鉴胡注表微》中很多。从前沈钦韩撰《王荆公文注自序》，曾说："夫读一代之文章，必晓然于一代之故实，而俯仰揖让于其间，庶几冥契作者之心。"陈先生之于胡身之，真所谓"冥契作者之心"了。

二、征引群籍的审慎

　　陈先生所征引的书籍，约略可分三类。第一类是五代以前的史籍，那是当然要参考的。第二类是宋元人的著作，尤其和胡三省同时人的作品，像《癸辛杂识》、《齐东野语》、《钱塘遗事》、《宋季三朝政要》、《山房随笔》、陈著《本堂集》、《舒阆风集》等。这一类书中以引用周密的次数为最多。周密和胡三省同时，志节也相同，周密于时事是是非非，一概笔之于书，与胡氏那种不喜腾口说，一切以委婉深沉的方法出之者不同。假如用周密的话来旁证胡氏所说，最为亲切有味。像《本朝篇》胡氏有称宋曰"皇宋"的一处，《癸辛杂识·别集》上，说："方回昔受前朝高官，今乃动辄非骂，以'亡宋'称之。是可忍也，孰不可忍也！"胡氏是消极的态度，自己称"皇宋"已经足以表示不忘故国，周氏是积极的态度，听见方回口里说及"亡宋"两字，就恨之入骨了。第三类是宋元以来诸家的议论，像《朱子语类》、《黄氏日钞》、《困学纪闻》、《群书疑辨》、《鲒埼亭集》等，大概以浙东学说为多，尤其王伯厚的话用的次数多。《解释篇》华峤论班固不叙杀身成仁之为美条，胡注："谓不立忠义传。"陈先生说："王深宁曰：'《七略》刘歆所为，班固因之，歆，汉之贼臣，其抑忠臣也则宜！'语见《困学纪闻》十二。深宁所论，足与身之相发明，此宋季浙东学说也。异日李邺嗣撰《西汉节义录》、万季野撰《宋季忠义录》，皆此说有以发之。"《出处篇》胡注："陆德明过孔颖达远矣。"陈先生引《鲒埼亭集·外编》三十八孔陆两经师优劣论，并说："谢山此文，盖即本之胡注。因孔颖达为王世充造禅代仪事，不见《两唐书·颖达传》，而唯见于《通鉴》，谢山盖读《通鉴》而得胡注之启示者也，谁谓读史仅知考证而已！"谢山得胡注启示，当是事实，陈先生作《通鉴胡注表微》，多少有些受谢山的影响，这也是可以看得出来的。

三、对明清以来治《通鉴》者算总账

胡注以前，史炤作过一部《通鉴释文》，错误百出，胡三省因此作《通鉴释文辩误》，《通鉴胡注表微》的《辩误篇》专辑其有关史学常识部分，史炤错得极可笑。明代读过《通鉴》最勤的，要算陈仁锡，能将《通鉴》及胡注评点一遍，已经很不容易，陈先生在《书法篇》中指出陈仁锡不知《通鉴考异》为温公作，反误认为胡身之注，颇为可怪。明末清初严衍、谈允厚师生撰《通鉴补》，极力替华歆辩诬，删去《通鉴》中华歆副郗虑收皇后印绶一节，陈先生在《出处篇》说："为《通鉴补》而删去《通鉴》华歆之名，是'通鉴删'，非'通鉴补'也，衡之史例，未见其宜，此身之之所不敢者也。"清代学者陈景云、王鸣盛、赵绍祖，都致力于《通鉴》及胡注，陈先生都于他们有批评，尤其是赵绍祖《通鉴注商》，提过到十二次，总由赵氏不了解胡三省，一切都成隔膜。如《生死篇》晋安王子勋举兵被斩，胡注称之为义举，赵氏说："胡氏好以成败论人，而忽作此议论，不自知其言之谬也。晋安乃欲以犯上作乱之师，假起义勤王之说，从之者尚可谓得其死哉！"陈先生说："此赵君观点之不同，身之以子勋比帝昺，以袁、孔比张、陆，寻阳比厓山，故曰死得其所，赵君乌知之哉！此《表微》之所以不得不作也！"《夷夏篇》也说："赵君昧于夷夏观念，故不知身之所云。"甚至胡注真有错误，如《避讳篇》，胡注有"温公避仁庙讳，改恒曰常"的话，陈先生说："宋真庙讳恒，仁庙讳祯，陈景云、赵绍祖辈著书专纠胡注，对此亦无所举正，何耶！"顾千里在清代校勘学家中算是有名的，可是替鄱阳胡氏校刻《通鉴》也闹了很大的笑话，《校勘篇》唐昭宗天复元年（901）给事中韩偓言帝王之道，胡注："呜呼！世固有能知之言之，而不能究于行者，韩偓其人也。"陈先生因为王应麟赏识韩偓，疑惑胡三省何以这样讥切韩偓，后见丰城熊氏校记，方知胡注原文是"呜呼！世固有能知之言之而不行，究于行者，韩偓其人也"。胡注本是赞成韩偓的，顾千里轻轻地把"行"字改成"能"字，又把句读改变，胡三省变为很不满意韩偓的神气了，无怪陈先生于《校勘篇》中，在胡注"宋国当作宗国"的一条里，说顾千里"不谙身之身世，不能读身之书"了。至于张宗泰、鲁岩《所学集》轻于持论，不广参他籍，妄评胡注，更不在话下，故陈先生于《考证篇》讥之。

四、陈先生自己的议论

整部《通鉴胡注表微》除了《通鉴》原文、胡注原文外，都是陈先生的议论，不过中间有引事实和别人的议论罢了。这种议论和张溥的《历代史论》不一样，和王船山的《读通鉴论》，似乎也不一样。我们不妨把引证除外，单看陈先生自己的议论，分作三类。

第一类是关于做学问的：

《考证篇》："考证为史学方法之一，欲实事求是，非考证不可。彼毕生从事考证，以为尽史学之能事者固非，薄视考证以为不足道者，亦未必是也。"

又："考证贵能疑，疑而后能致其思，思而后能得其理。凡无证而以理断之者，谓之理证。"

又："考地理贵实践，亲历其地，则知臆说之不足据。"

又："昔之言氏族者利言其别，所以严夷夏之防；今之言氏族者利言其合，然后见中华之广。固不必穿凿傅会，各求其所自出也。"

《辩误篇》："因异地同名而误注，为史炤所常犯。'读史须考本末'，学者药石之言也。"

又："史炤释《通鉴》，常以《广韵》、《集韵》诸辞书为据，而不能沿流溯源，究其首尾，所谓无本之学也。"

《评论篇》："文体随世运为转移，岂能拘于古式。故六朝之浮靡，非也；伪装之古奥，亦非也。孔子曰：'辞达而已矣。'故为古奥，使人不能速晓，其意何居。"

《边事篇》："史贵求真，然有时不必过泥，凡事足以伤民族之感情，失国家之体统者，不载不失为真也。"

第二类是关于个人出处的：

《辩误篇》："父卖国求荣而子耻之，此天理人心之正，乾坤赖以不息者此也。"

《评论篇》："是非顺逆，本在人心，不必儒生然后知之，若迷于目前之利禄，则虽儒生亦未必知之也。"

《劝戒篇》："刻薄佣人，为居家所大戒，当新旧势力递嬗之际尤甚。身之盖有感于当时所谓'奴告主'之事也。"

《治术篇》："当地方沦陷之秋，人民或死或亡，或隐或仕，不出斯四者。奋勇杀贼，上也；褰裳去之，次也；杜门用晦，亦其次也；颜事敌，是谓从逆，从逆则视其为威力所迫胁，抑同心为逆，而定之罪，可矣。"

《臣节篇》："所谓忠于国者，国存与存，国亡与亡。国亡而不亡，必其无封疆之寄焉可也；国亡不亡，而犹欲保全其禄位，必顽钝无耻，贪利卖国之徒也。故胡注之论臣节，以能致其身为第一义，抗节不仕者次之，保禄位而背宗国者，在所必摈也，况助敌国以噬宗国者乎！"

《伦纪篇》："君、臣、父子、朋友，均为伦纪之一。必不得已而去，于斯三者何先？为国，则不能顾及亲与友矣。伪齐之立，有背祖国而从刘豫者，自诿牵于私谊也，亦终与刘豫偕亡而已矣。"

《出处篇》："张玄素先辞后起，以江都之败否为衡，所谓投机耳。崖山既复，宋遗民亦渐有出为告籴之谋者，如月泉吟社中之仇远、白珽、梁相皆是也。"

《夷夏篇》："晋室之乱，士人晚渡者，南朝恒以伧荒遇之。然早渡固为见几，晚渡亦未为后义，顾视其能否不变于夷耳。迟迟其行，去父母国之道也，且恢复之望，一日未绝，所食者吾之毛，所践者吾之土，亦何愧乎！惟杨亮少事伪朝，其子尚自矜门地，斯为可哂耳。"

《生死篇》："人生须有意义，死须有价值，平世犹不甚觉之，乱世不可不措意也。即《鲁论》一书，言生死者何限：曰'人之生也直，罔之生也幸而免'，此生须有意义之说也。曰'暴虎冯河，死而无悔者吾不与'，此死须有价值之说也。'齐景公有马千驷，死之日民无德而称焉'，此生之无意义者也。'伯夷、叔齐饿死首阳之下，民到于今称之'，此死之有价值者也。至于死之无价值者，'匹夫匹妇，自经沟渎'是也。生之有意义者，'管仲相桓公，霸诸侯，一匡天下'是也。"

第三类是关于感伤政治的：

《解释篇》："孟子言：'诸侯之宝三：土地、人民、政事。'徒拥有广土众民，而不能澄清内治，是之谓乱国。乱国之民，不能禁其不生异心也。"

又："不能统一，国之不幸也。然专制之甚，使人无所喘息，孙盛之书，又何由得传别本乎！"

《感慨篇》："诸臣非不欲与国家同休戚也，政府既委其权于亲戚，有志节者相率洁身而退，所留皆自私自利之徒，终不以诸奸之吉凶为忧，而听其自生自毙。南宋此风尤盛，国所以日削而底于亡也。"

又："今者谓身之当时。呜呼！岂特当时哉！凡守边之兵，日久则懈，懈则一击而溃，每至不可收拾，身之盖有所指也。"

又："洞胸绝脰，而不能卫社稷者有之矣，未有不洞胸绝脰而能卫社稷者也。故夫侈言'不伤一兵，不折一矢，而能复国'者，皆受人卵翼，暂假空名，使自戕其宗国，亦终必亡而已矣！后梁其前车也！"

《治术篇》："事有可行，而行之非其人或行之非其地者，此类是也。史言'韦雍辈嗜酒，出入传呼甚盛，或夜归，烛火满街，皆燕人所不习'云。盖是时河朔初平，故新统治者豪纵至此。"

《边事篇》："边事犹今言国际之事，息息与本国相通，不可不知己知彼者也。南宋国势屡弱，百年大计，争持于和战之间，结果和与战皆失，驯至亡国，可慨也已！身之所论，大抵重在自强自治，不与人以可乘之机。纵不得已而求助于人，亦必慎所与而毋贻拒虎进狼之悔，斯可谓善于交邻者矣。"

《夷夏篇》："刘裕入关消息，传至河西，蒙逊闻之怒，刘祥闻之欣欣然有喜色。同在一城，心理何差异若此，民族意识使然也。"

《民心篇》："民心者人民心理之向背也。人民心理之向背，大抵以政治之善恶为依归，夷夏之防，有时并不足恃，是可惕然者也，故胡注恒注意及之。孟子曰：'三代之得天下也，得其民也，得其民者，得其心也。'恩泽不下于民，而责人民之不爱国，不可得也。夫国必有可爱之道，而后能令人爱之，天下有轻去其国，而甘心托庇于他政权之下者矣。硕鼠之诗人曰：'逝将去汝，适彼乐国。'何为出此言乎？其故可深长思也。故《夷夏篇》后，继以《民心》。"

又："此内战也，外战犹有民族意识为之防，内战则纯视民心之向背。或为操谋，亦尝于民心上用工夫矣。"

《货利篇》："货赂公行，乃乱世普通证状，不独武德为然。天下澄清，恶行自戢，望治者不必徒抱悲观也，可以贞观之事证之。"

又："麻答契丹帅，尝蹂躏镇州，民不堪其虐。白再荣与诸将共逐之，民方以为重睹天日也，而再荣之贪虐，不减于麻答。所谓以暴易暴，镇民何贵有此'光复'耶！郭威入汴，军士乃围攻再荣于第，尽取其财而斩之。贪人之下场，往往如此，亦何益矣。"

《通鉴胡注表微》中像上面所举的议论，俯拾即是，凡是沦陷期间在北平受过生活煎熬、思想压迫的人，读起来格外有同感，这些话无疑是替大家说的。可惜陈先生这书是在沦陷时的北平作的，不能不再三慎重，先生自己也说："仍有不尽之词。"但是我们觉得这已经可以了。这书虽在沦陷期间作成，但发表已是胜利以后，未尝没有新的感慨附丽其中，像《治术》、《民心》、《货利》诸篇，就有很显著的表现。言外之意，读者慢慢去咀嚼，或许将来有人会做一部"表微之表微"也说不定呢！

附录二 《资治通鉴》及其有关的几部书（手稿）

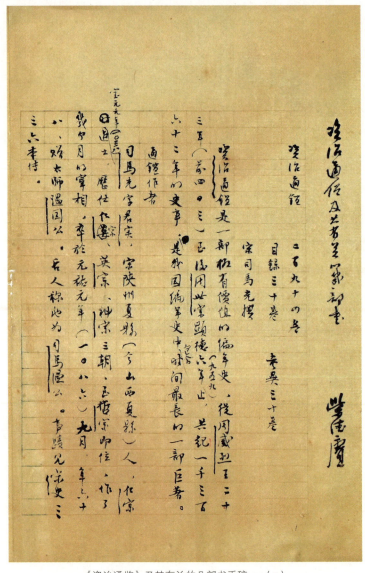

《资治通鉴》及其有关的几部书手稿 一（a）

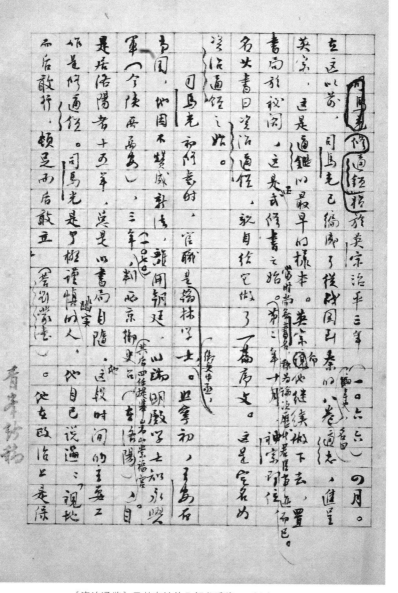

《资治通鉴》及其有关的几部书手稿 —（b）

守派。这时王安石正推行新法，他反对无效，政治上闲得

久将治过。实际是投闲置散。他趁此把全副精力用之于修《通鉴》。等到六

神宗死，哲宗立。政局改变。新法罢黜，司马光

月为宰相。元九月初一卒，实际为相政局，只有六个多月。

各来整京官国。元祐堂人碑，以司马光为首，拿官、禁他们。

一。把新法不能推行，完全归罪于司马光，更是不公允们。

直到元丰七年（一○八○）成书，率已六十六。自元祐元年入朝

十九年，正是司马光四十八岁到六十六岁的时间，此是

按了司马光修书的年代未看，一共作了十九年，这

他的学问的成就时期。但像这样一部大书，也还需要助手。

○司马光有助手，而且是当时第一流的人作助手。元丰上

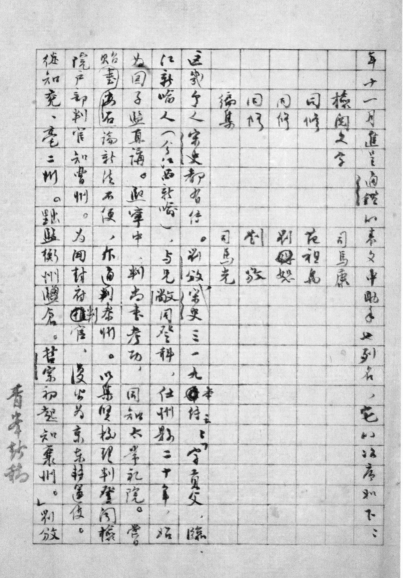

年十一月進呈通鑑，如表文中勒了之列名，宅如左序如下：

檢閱文字　司馬康

同修　范祖禹

同修　劉攽

同修　劉恕

編集　司馬光

范祖禹是華州人，字醇夫，與兄敷同登科，仕州郡二十年，始判敷密史三一九年字貢父，臨同知太常礼院。嘗以集賢校理判登聞檢院。

劉恕江州高安人（今江西新喻），興寧中，判尚書秦州，亦通判秦州。為閒材府判官，後又為京東轉運使。

司馬康為國子監直講。遷寧中，亦通判秦州。為閒材府判官，後又為京東轉運使。

貽畫西佑諭利佐不便，為閒材府判官。

院尸部判官知曹州。

從知克、亳二州。歷監衡州鹽倉。替宗初起知棄州。劉攽

青峯轉稿

《资治通鉴》及其有关的几部书手稿 二（b）

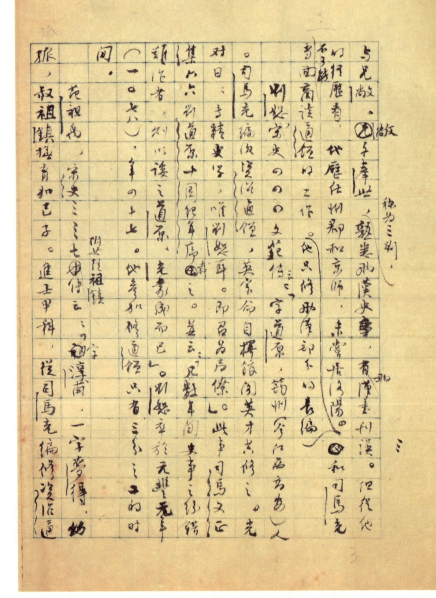

《资治通鉴》及其有关的几部书手稿　三（a）

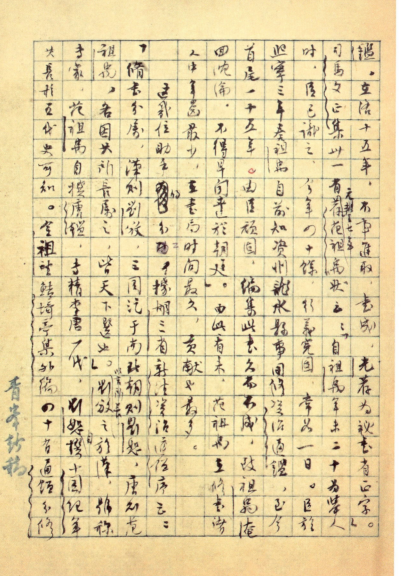

《资治通鉴》及其有关的几部书手稿 三（b）

晁

諸子考，以為「貢父
温公多是道原商榷，好不修雜長子京，而實係全局創手。」
金氏謂温公與道原商榷義例，此說是，謂道原只修子京，
貢父乃修西漢，此說非是。金氏得之過以乞范淳夫帖子，
蓋府吾初擬者此擬說。蓋來實紀。又獻通考經籍考云公
子京公休皆其友，文獻通考經籍考云公
淳夫。此條别有來歷。萬說之嵩山文集中選王性之序，文集九相作七朝，
汲通則作文獻。嵩說之曰：以來實，善博人考，更記，最
為仔寫文誤，三因出此用悟為九朝，這和寶史钞必係所說
蓋仔寫文誤，三因出此用悟為九朝。三國曆九相正隋別判判道原，善博人考，重造五代判隋，
朋三有之說，書不誤，全氏散州孤記推翻此處，不相符合。
與怒於夷川府書考註書修，最為精詳。點記歸
這樣一个修書的集體，以年齡論，斯敷少同馬光，以識
劉
一〇三生

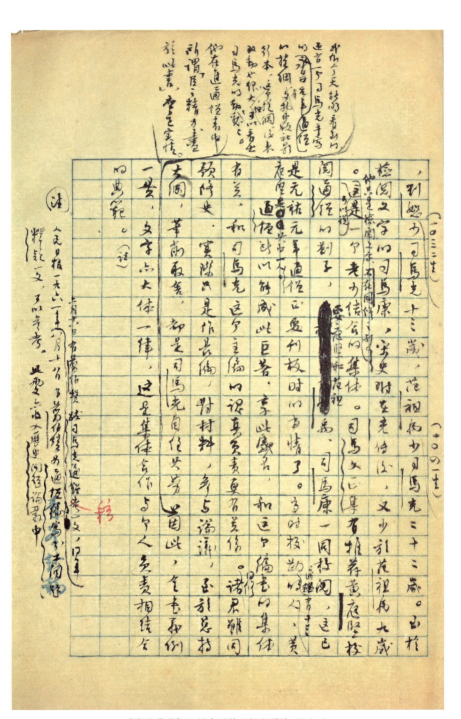

《资治通鉴》及其有关的几部书手稿 四（b）

通鉴的史料

五

通鉴记一千三百六十二年史实，所用史料，除十七史外，又高代史三百家还在内的，都搜集参考。连赋佰同马光刊本，说到神宗赐他颖邸（神宗原封颖邸王）书二千四百二卷。这圭时也算不小的卷数。与司马光同时的李淑宗敏术都以藏书名家，皇家图书馆崇文院所藏书天多用康写本，史料是不悉缺乏的。但究竟通鉴引用了多少史料——这是一个很多誉爱的问题。四库提要据宋人高似孙所撰纬畧的记载，通鉴引书者三百二十二种。清光绪中胡元时，曾根据通鉴考异所载书名录出，凡二百七十二种，包括十七史在内，却不包括文集中材料。从考异中捉取的书

（运守山阁书重刻通鉴全书

5

名来看，已写成的七千，李焘所收者提到的书，一空还不少。这只解古体估计，说明通鉴史料如此富有。更重要的一

直，通鉴所采用的史料，今天未必全有。如果通鉴高明不好，我们更不知道

易兴章中是些什么内容了。

从通鉴全是未来查，史料多少，好不平衡。

三国一段，大战用战国策，尚四史，不择花峰，董崎五家，七家，陈寿后陈寿时，古直得董崎论曰，溪溪

后陈寿高时，移作通鉴的论，诸家语意，崔鸿十六国春秋，

固传四论，司马光、谢承、范晔、孙盛晋阳秋，

是倒证。晋至隋的一段，

秋三十圆春秋等均有引用过列，特别是实费引用较多。

休，习凿齿蒙晋春秋、杜、裴松之野宝录，

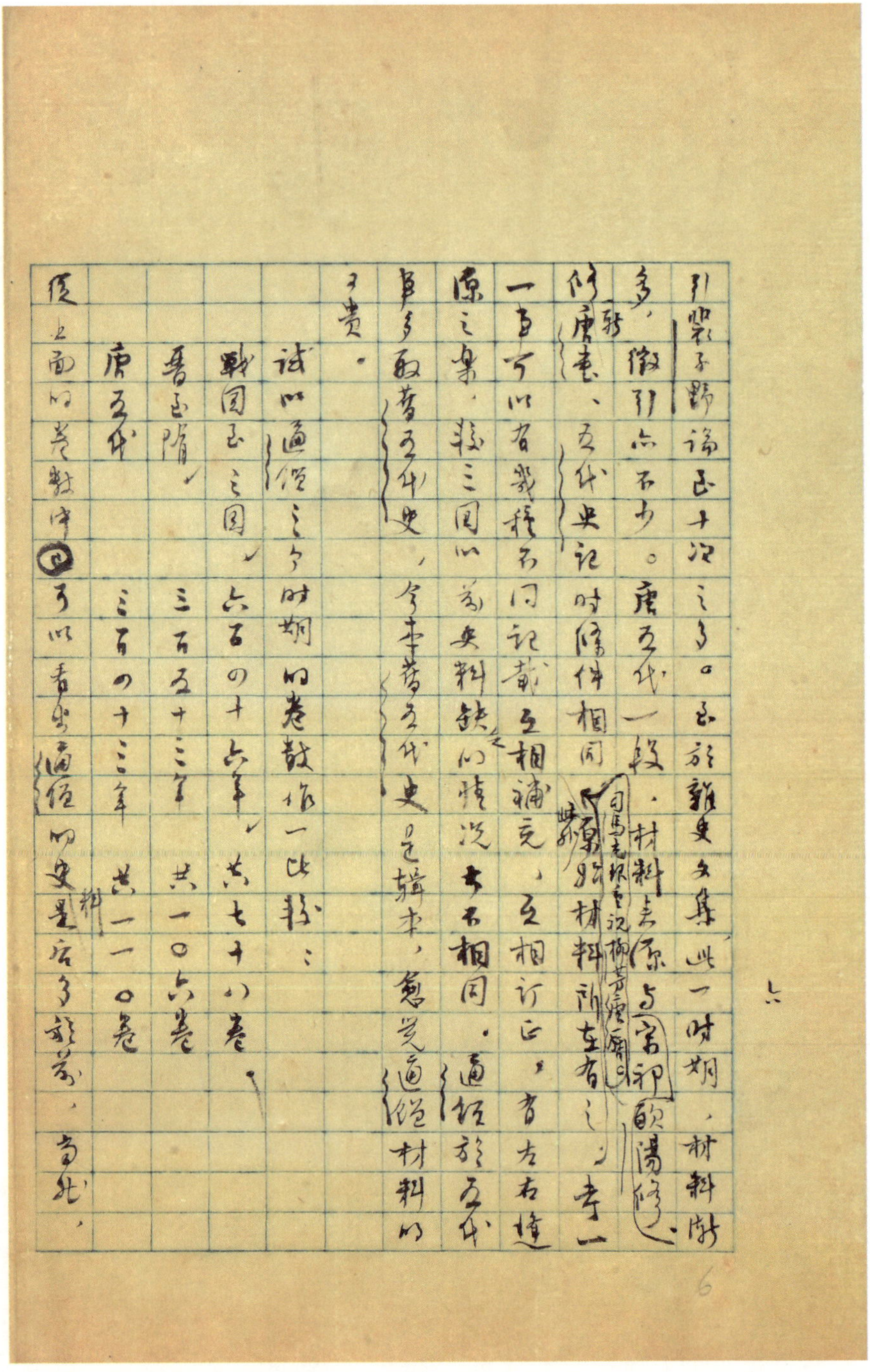

引栗子野读正十分之多。

多，微引此云云。新引五代史

原之集，杂三国以为史料

一百方以者我据名同记载

修唐志、五代史记时修�020相同

更多而多五代史，今李焘子以

试以通鉴之今时期间卷数作一比较

战国正之围，六百之十六章，共七十八卷。

吾正隋，三百五十三年，共一0六卷

唐五代，三百六十三年，共二一0卷。

子贵。

庚五代一段，材料去原与宋祁欧阳修、

五相补充，五相订正，书左右逢

五相同。通鉴所以五代，

慧觉通鉴材料以

《资治通鉴》及其有关的几部书手稿　六（a）

编史料价值，也是应胜於另书。

通经编纂方法

编年史。从史记以后，作纪传史的人多，作编年史而流传的更少。

张氏是编修历代君臣事，何得铨次为多。司马光要编写一

编年史的人少，编纂史书而流传的更少。

部史书。

编年史起首要限断问经。一般说来，

通经是编年史。

代（唐起）。此不是到宋代止，一直通下来。

古论话古引今？一直到周威烈王二十三年（公元前五九）止。为什么从

　（二）图起，所应用以宋路陆六年安五九止。

时藏五五小三年写起？这是司马光的编辑允能。如果屋上盖屋，那末史记十二诸侯年表起，从共和元年（前八四一）。

起，那末史记十二诸侯年表起彩芒和元年（前八四一）。

地志，不用说，编纂书困难。

就是陵哙始围写起的话，那末史记与国表是从周元王元年算

起。用威烈王二十三年上距周元王元年已七十三年，荀人是从

末以五年来划分时代

两家为诸侯，是周室衰落的一大关键。至这一年司论一

荀，以为了三晋不请于天子而自立，别为惨造之后。今谱

于天子而天子许之，谁得而讨之？好三国之别于诸侯，非

三晋之坏礼，乃天子自坏之此。这是司马光生本意

和司马温公资治通鉴是完全一致的。

荀诵，揭示维范用天子以侯侪和原有的政治制度旧意愿

下限为什么止于五代？这因为宋代自有国史，不依擦

国史而为编一本，有困难。况且自仁本朝，贤愚事也不如

说一司马光在英宗治平年进历年图，光明确德周威烈王

《资治通鉴》及其有关的几部书手稿 七（a）

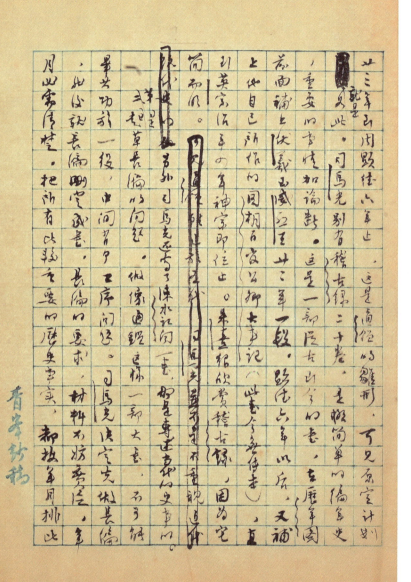

《资治通鉴》及其有关的几部书手稿 七（b）

起来，这是很费力的事情，也是极细微的工作。司马光

一事之若干岁时间不明确。司马光者与范商铭（祖禹）诸修志

帖云：「且将葛懷愫纪志传及僚纪、摘録益谨家传记小说以

正诸人年某精于时事者。些须依年月添附及

月之下，称岁月，起月书附发失事之号晚，名岁者

附於其事之首尾，共若事一号附者，则约其共

一事之下。（见通鉴释例）

，指示周详。　左岁一岁与范淳夫的帖子中多逼记事月日的书信

而起兵修长编。正与帝禅信而止，共起兵以荣、禅信以後事，

，于今东所省意中见者，六请全书史剔削草况鉛出，随以荐

事中间空一行诗草况（注：以备剪用粘贴披也）。随以荐

书与贡文，架以后者与首尾，今各付入长编中，盖续三君

更不看此卷。卷之下半阅却得以后。天祐以前，阙此等事，尽成遗事如。

二君所看，意中省事，不尽纳之下等，俟入长编耳。正约帖子，军事政事，工阙题，居来省发箭，上文记修辨阴了，这都了法意以是学年多剥初，依一版日时期的长编，要互相支持，有得重复参工夫，似的确。

长编的分量是纸大以相符，虞翔一代说者，六百多卷，但经了司马光删定以只留一千多卷，五之，长编上加工之后看一般郑若的历程，不过长编以基础如，此类残稿，多年来是半编的事了。可与先秦古史，汉为害死，经残稿，多年来是半编的事。这样做看的方法省了以习的价值。

第三是纪年问题。中国古代最早师，考北王元草。

香峰钞稿

《资治通鉴》及其有关的几部书手稿 八（b）

九

○照通鉴责柳三年一篇后中说明○丁吉而善吠宝業西。此天下離析之际，而吾受之，春伊亲○庙之辞曰「正闰之辨也。」此非同焉，以記事，非

元年，吉时紀年，如此而已。自僖动年以后，每令皇帝兆都

鉴逃元立编，立信一时代，问经不大，一引不見时烦，用

那个切事排九年，宣○上等将正統和闻信问题○自用何

歲时月日以謝奉之命而至此宝業西，摄章传聚散，而陪取之，唐待新皇，以正朔用，而大家

宋以川玉旅端，而陪取之，唐待新皇，以正朔用，而大家

水之，如不得去而载宋弟果陳位果伇唐以进以國年編

四代诗閏之事，非尊以而卑役，有正閏之辨此。」此非同焉

正而上五碞○郭○長常鑒，点交爱说明与借共年以記事，非

苦卧取搬 珰揚品○

《资治通鉴》及其有关的几部书手稿 九（a）

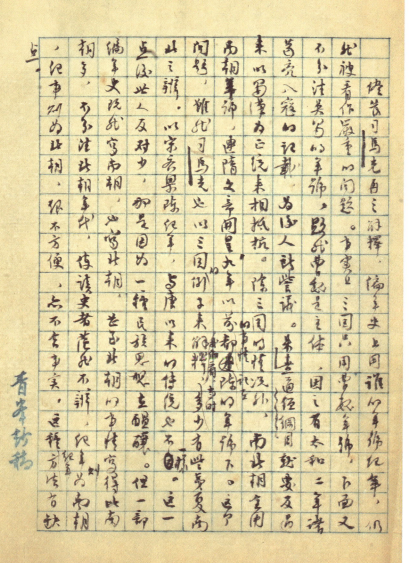

通鉴既是为政治
服务的表，他们强调
材料。如此是偏重
政治史的了。

此外对材料方法，
手边以史料，如新礼
作为考实，其作
今天看来，错的
有些问题，这点是同的。

以上是第一阶段，工作上要解决的问题。第二阶段是如

十

何事理史料，研究史料的问题。

节一是要那些史料，不是那些史料问题，这是取捨问题，

此表（通鉴）名为资治通鉴，铭名思义，老要紧围封建统治的

就是镜子。镜子能反映现象，美者自美，醜者自醜。通鉴

历代王朝的政治措施，统治集团中重要人物的事蹟和言

行，特别是教训者的举倒，凡属于封建道德范围内的所

谓美事，尽力予以正面表扬，第一方面，政治上分有勇败，

出政伤，天官理，残死以进，欣要不惜以目的事情，通鉴也

不厌其详地记述，这是反面教员，高作陰切监戒和教训的

○借鑑习馬光目的为了给统治阶級敲警钟，等对策，而写

政上暴露了封建社会的陰暗面，事实上陰暗面的材料太大

10

《资治通鉴》及其有关的几部书手稿 十（a）

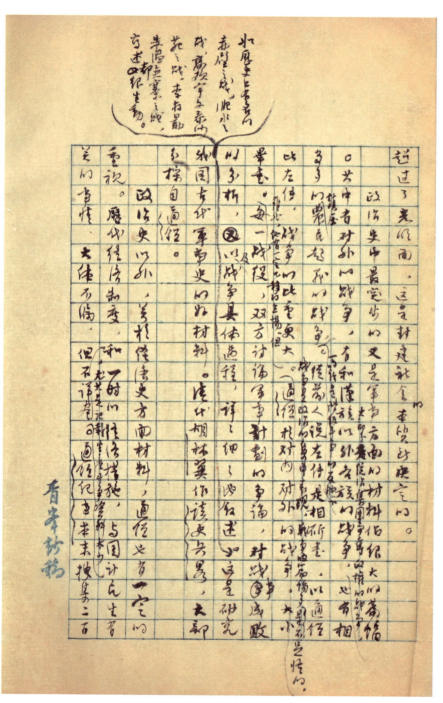

《资治通鉴》及其有关的几部书手稿 十（b）

九件大事，經傳只有兩件，以國經傳材料多些，不及政治。

史集中了，以成篇，不能因以通說商信石注意修傳。正經文

他史如文字藝術、宗教等比經傳更少。文學家如屈原、陶

附別部分提及，杜甫是屬真敢文，中唐詩才提到叫，一行

考國題速速才提到叫。像玉適、莽赦我書共卒年，這種蓋不

太多。不能因為書裏不量正的太了，與政治無關係以就刪

制得更多了。

第七是史料本身有異同，這是考據問題。

考甚问题。

在某个方面，一個記載，某信出入。秦漢以後，史料

多，一件事情往往有一種說法，甚或相反，這該算个办

逆事增多了。一件事情考家處遇到逆，大段根據怕此者

？這種問題，以前的兩史學家此遇到，大段根據其後

自己以判斷决定。究竟結論对不对，也沒有說明缘由。

三十

十一

11

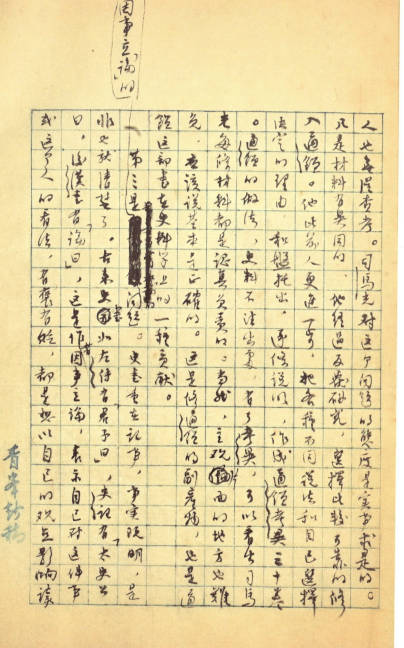

因事立论四

人也多识考。司马光对这个问题以态度是实事求是的。

凡是材料有异同的，他经过互参研究，选择比较可靠的修

入通鉴。他比别人更进了一步，把史料有同异的地方，作成通鉴考异三十卷，

通室以理由，和盘托出，逐条说明，

通鉴以构造，史料不注出处，

每修材料都是认真负责的，

先看考该说基本正确的。

是修通鉴的副产物，而以地方处难，这是道

馆延却是史料学上的一种贡献。

第三是国经

非必就清楚了。古来史国，小左传者君子曰，史记者太史公曰，这是作因事主论，表示自己对这件事

日，山汉书者论曰，

武言之人以看法，者药者始，都是如以自己的观点影响读者

青峰劳稿

者、通经的弟身历□圉，就者论，龙古录止者论，今未分

司马光所重视的事情，通鉴共者一万八十□篇论，其

邪数，节一数以皆光曰三字者论的，是他自己的孙论的，是他

一□是篇。节二数是愿来史家原者的论，他记为对的

移作通鉴的论，这样的论者八十篇。

兮、扬子法言，于字嘉矣，

写声盖，孙戡，珊圆又子，荀悦、虞喜、徐众

一苍术、萧子颐、萧方等，范曄、仲长统、沈约、华峤、袁宏

揩法喪、李俻浩寿、欧阳脩，自荀子、贾谊、太史

萧《紫子野十篇》，□□此剑一篇（太史公论止一篇）以出柳芳

。却知旧史通论整篇，□□諸所以辨疑惑，释滞疑，者

是智其子，圈善俟者揩，通经已是这样。所论述的多看

《资治通鉴》及其有关的几部书手稿 十二（a）

12

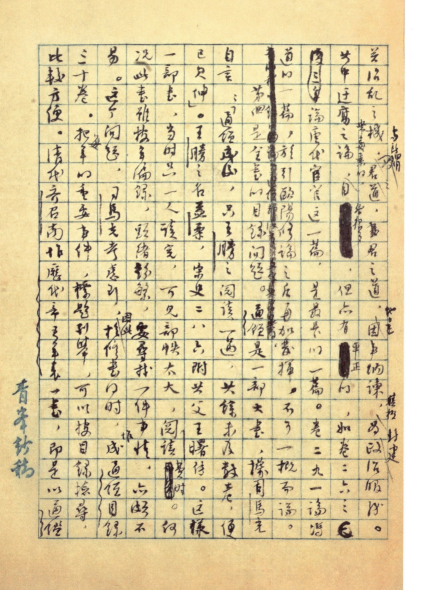

《资治通鉴》及其有关的几部书手稿 十二（b）

目録为依据，这三十卷目録上，由于歷法翔闰朔甲子，都

是根据刘羲叟的长歷而成。刘羲叟是宋代天文歷法专家，故歷法详确。修通鉴时已亡卒，通鉴用其……按通鉴得以保存。

较少。但刘氏长歷今多……对通鉴的评论，通鉴这部书……

间才得完成……基本上是史家……对此评论一向是偏于褒奖的。

他们四个人天……这种缺点此书之……通鉴的优点，通鉴保存着……这种评论……一方面……

重要史料。通鉴这部书说，通鉴以史料价值来看……另外……一方面在搜

集材料以整篇……从史料方面说，一方面用於审查材料以说真，一定像在这了许

《资治通鉴》及其有关的几部书手稿　十三（a）

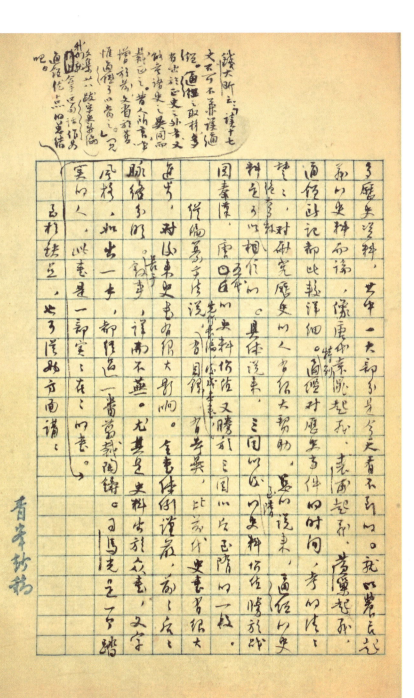

《资治通鉴》及其有关的几部书手稿　十三（b）

采用编纂数例，探用年编，应该是引据标明，这一点上，

年正月，陈敏言改为延康元年。（通鉴据三国志，若後汉书

又是提出，此外，一年之中，各发家和朝迁变革的时期，一

身者凡三年编，通但另用延康元年，如建安之二十五

一年目者和兩用年编，但通但另用

一年中改色国者一

创始元之三月）冬十月辛未（二九）改黄初元年，也者著崇皇帝之同

朝政元如意，九月庚子（初九）改元长寿。通但只纪长寿

元章，由此可得一结论，凡一章者二至三个年编的，通但

总是用最後一都编，这样，人们就可时刻知道无一个年

弥补卷上形残年，这样以记年传其甚为网经的，这以例语亦

师而希，从编卷以入本说，师例划一，为者许多赓烧，对

旁注小字两行：可斟酌以果

上四

14.

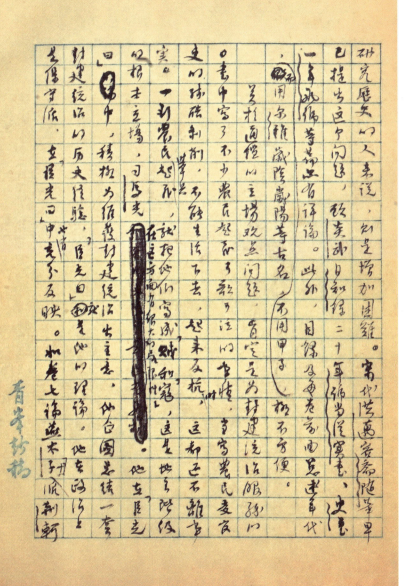

《资治通鉴》及其有关的几部书手稿　十四（b）

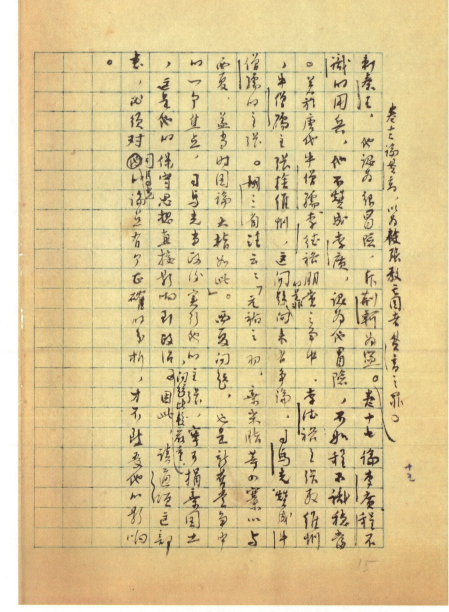

《资治通鉴》及其有关的几部书手稿 十五

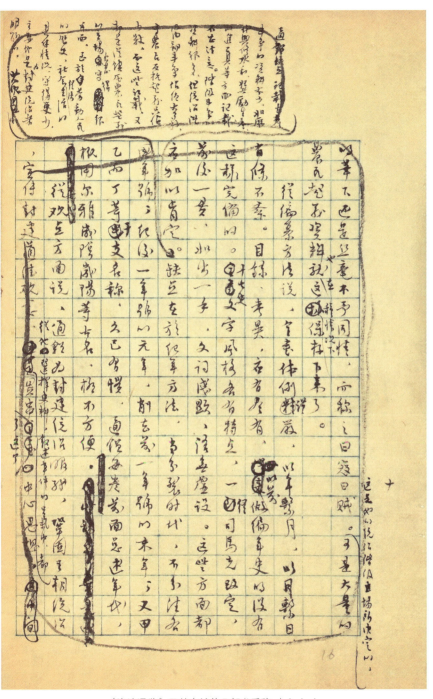

《资治通鉴》及其有关的几部书手稿 十六（a）

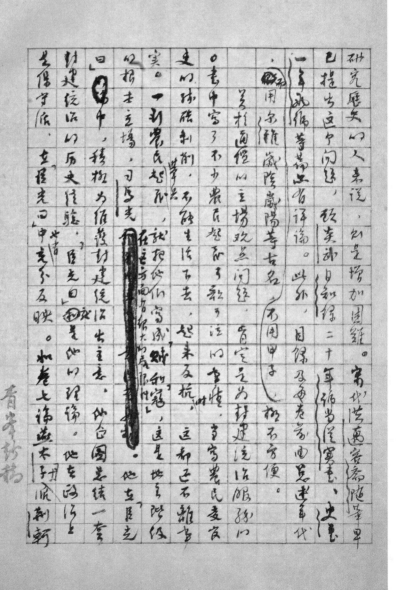

研究历史以人来说，也是增加困难。

已挥去这中间难，较实物却短二十年编当作实意，史意，

○书中字了不少农民起义，不能生怕了去，起来反抗

用宋雄嵩阴嵩阳等古名，此外，目保各有卷等。

应照通经以立场攻击闷经

这都正不都字，这是地主阶级，他去长之。

实。一刹农民起形，就把他们写成狗和寇，

红报去主场，习与买在这方面看法大不及那所以。

这合国是统一套，他去时代

曰（中，移植为作数封建论出土主。此

封建统治的历史经验，直接先曰中，先多反映

青峰抄稿

各保守候。

如卷七论燕木于派制新

《资治通鉴》及其有关的几部书手稿　十六（b）

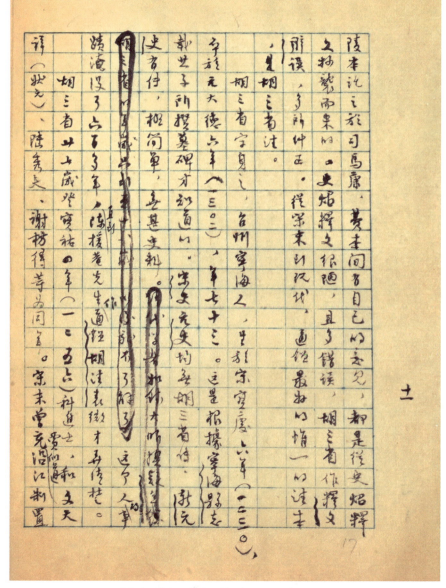

《资治通鉴》及其有关的几部书手稿 十七（a）

网椽宜文字、江上师逸、陵居著录、注通佶二百九十四卷，足

一陶嚣狭小、砌秀多奇梅、地称梅砌失生。

自撰新注资治通佶序。序作於正元二十二年乙酉（一二六五），注表纪之、

录士所疑筆绿姚娴氏通佶释文、訛误目序、作於正元二十二年乙酉、为未尝沈胡身之墓

丁亥、逆蔚定为五十八歲（此李棚氏生年、以胡身之说为）

碑、不见今海影志。钱载、李明摩碑、郡们今天远不知道。

主。案嘉锡去、抗州中攗疑筆绿时、为未尝沈

糊三看目言纪宜佑丙成出身進士科起、正乙酉庙府盡。

葛佐三十卷、中间迅丢遇一次稿子、重新注遇、此两项注

法去一样、节一次稿是依陆德州经典释文例、作广注九千七

蔫、蔷诵十蔫、运是图注和道经李文、图亦闲所惜、节二次稿

才以道铬李吴及仲自注敕入通佶正图錶之下、便是今天传此

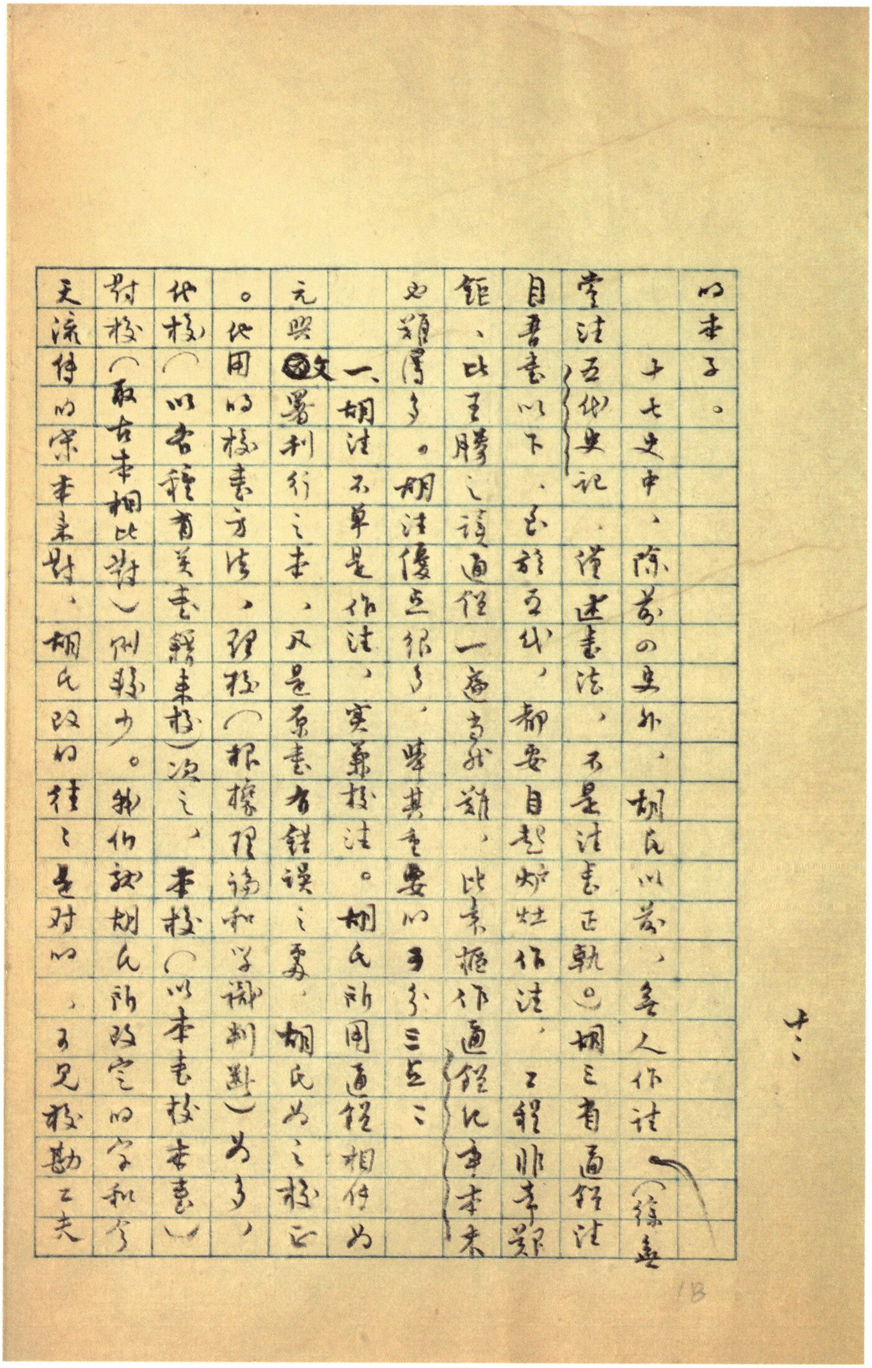

的本子。

十七史中，除前四史外，胡氏以前，無人作注（徐無黨注五代史記，僅述書法，不是注書正軌。）胡三省通鑑注自晉書以下，至於五代，都要自起爐灶作注，工程非常艱鉅，比王勝之讀通鑑一遍尚為難，比袁樞作通鑑紀事本末也難得多。胡注優點很多，舉其重要的有下列三點：

一、胡注不單是作注，實兼校注。胡氏所用通鑑相傳為元興文署刊行之本，又是原書有錯誤之處。胡氏為之校正。他用的校書方法，理校（根據理論和學識判斷）為多，他校（以各種有關書籍來校）次之，本校（以本書校本書）對校（取古本相比對）則較少。我們把胡氏所改定的字和今天流傳的宋本來對，胡氏改的往往是對的，可見校勘工夫

十六

18

《资治通鉴》及其有关的几部书手稿 十八（a）

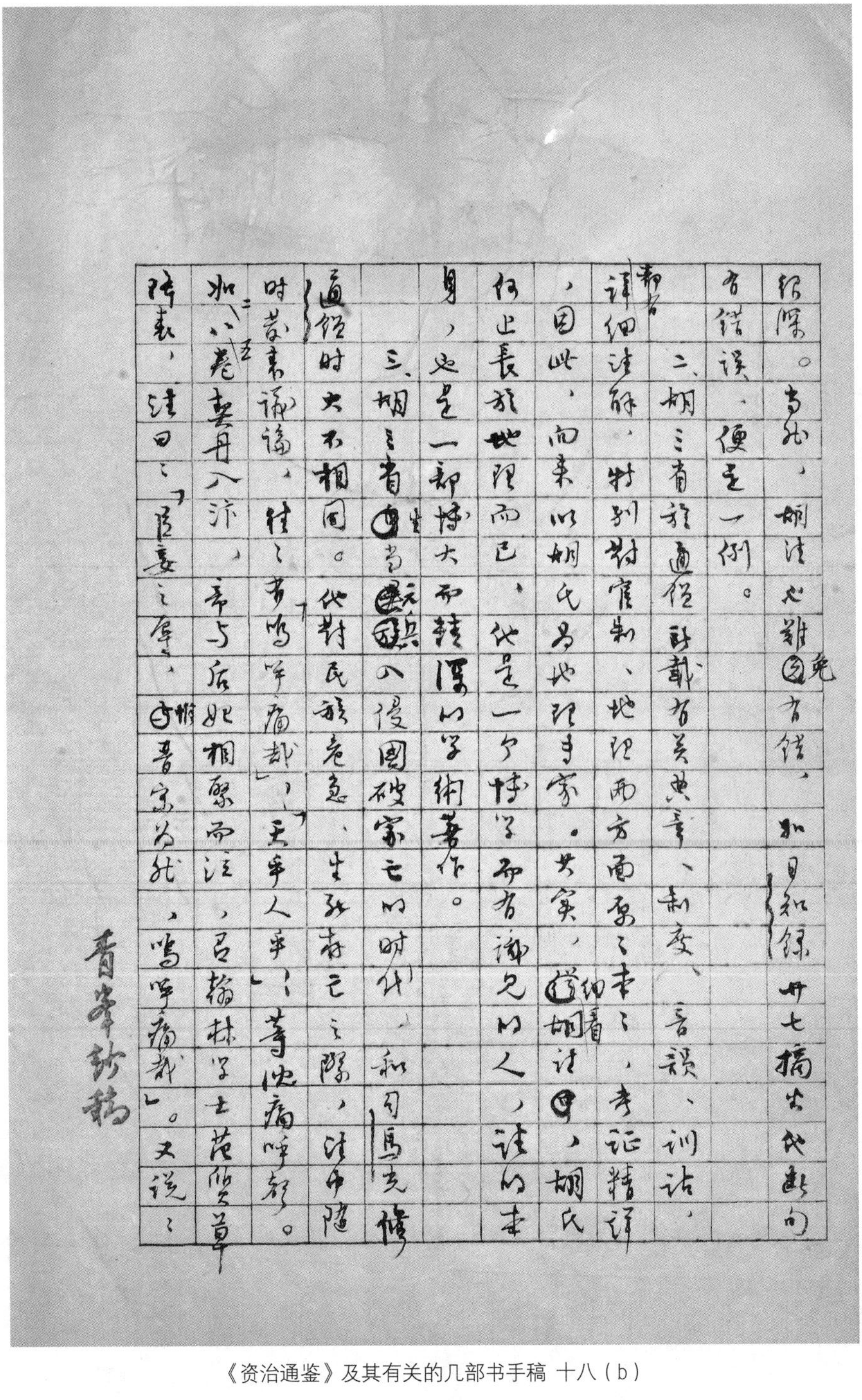
得深。当然，胡注也难免有错，如日知录廿七摘出代断句有错误，便是一例。

二、胡三省于通鉴所载有关典章、制度、音韵、训诂，都有详细注解，特别对官制、地理两方面更下了考证精详，因此，而来以胡氏为地理专家。其实，细看胡注，胡氏何止长于地理而已，他是一个博学而有识见的人，注的本身，也是一部博大而精深的学术著作。

三、胡三省生当元兵入侵国破家亡的时代，和司马光修通鉴时大不相同。他对民族危急、生死存亡之际，注中随时发表议论，往往有"呜呼痛哉""天乎人乎"等沈痛呼声。如二八五卷契丹入汴，帝与后妃相聚而泣，召翰林学士范质草降表，注曰："臣妾之辱，惟晋宋为然，呜呼痛哉"。又注之

香峰钞稿

《资治通鉴》及其有关的几部书手稿 十八（b）

之图之耻，言之者为之痛心，翻见之者乎！此程正叔所谓

真知者也，天乎人乎！胡氏入元不仕，这种悲愤的文章，

寒之南宋之国盡氏不忘恢复的思想。清代赵绍祖作《通鉴注

商于八卷，对胡注多所仲弹，首先他书了解胡氏的身世，

欧不可於了解胡氏的思想，及以此相讥，正由暴露赵氏的

浅陋。

阅图形胡注通鉴一番，清人如陈景云撰胡注举正原若十

卷，坎书一卷，见此十三條，以考证地理为多，绿去所通

经注刊正二卷，共程出一百的十鳍佛，每以考地理为之，

闻及声音、句读。如方范雖之雕，高读子集则世，不甚读难。

之，方住酿收不甚读万作黄之颣，胡氏有那每前末。但读音

者误，宋人直犯，胡氏如目雖亮，胡注往於一字二三音，一卷

十二

19

《资治通鉴》及其有关的几部书手稿 十九（a）

之内，注而又注，为自己者，
又虫不了与诸求，未免失言。

正读以看不起胡三省，
陈援庵先生

于一九〇〇、〇〇石之译，
素微一事，另刊移辅作子注苐十三、十、十的两卷，

苐十苘为本棚、素注、
误、评论、感叹、劝戒、是圆形史法的。

校劫、解择、道诵、
李证、那

马苐、伦纪、出衷、迁章、
更夏、民心、释老、出北、设

利、是圆形史事的。素微的诗注
《通鉴》原文顶格写，胡

注纸一样，不注通鉴卷数。
陈先生目己的话又纸一样、眉

目很清楚。是計用胡注精译七
千五百味之多，引证的杂赖

陈已史外，才之百種之多，自有此书，
胡注的佝位

别此。

《资治通鉴》及其有关的几部书手稿　十九（b）

胡元幸刻通鉴全
通鉴的重刻
通鉴的重大小九种。
此较定全部止。

（一二三）

通鉴的版本

通鉴祖本为元祐元年杭州刻主。今不可见。绍兴二年

修姚重刻本，写共校一百七十六卷，江安傅增湘藏之影

湖影印宋本百衲本，用七铢宋本凑集而成，以修姚本为之

。江苏楼の柳仙刷李，孙标姚探本，共实避讳至光宗止。

此为沈有通鉴宋本中最是。章钰有通鉴校宋记，其用九吵本于校对。

宋单刻本。

鄱阳胡克家泵元刊胡注本，石印本都依此本求。

通鉴胡注另元刊本，今不易得。嘉庆廿一年（一八一六）

江苏书局，部昌书局，江苏书局校善影

二〇七庵用胡刻原好刷印，今八十七庵翻胡刻本，不新六十册

胡注刻本中是比较好的。高25印书馆排印本，与一般

、省力读，流行很广。近年古籍出版社，新印标点本，共十
大册，以书标点者均为历史专家，世相接，好考附於每卷之末
将异同说真，（每年加页厨，每一事另起一行，又引章钰通释折宋记作
言等，对读者有大帮助。通鉴版本，甚以此为最。

与通鉴有关的几部书：

通鉴纪事本末　四十二卷　宋袁枢撰

中国史籍中，编年纪传等史体，或以事月为主，或以
人物为主，或以制度为主，也有专记言论句，这都是古巴
青之。但以一夕历史事件□□□的发生发展和结束为主的原
原书之的记述方法，两宗以前，尚末具体，有之自袁枢通
铨纪事本末。

袁枢字机仲，建安人，任至工部侍郎兼国子祭酒，生

香峰抄稿

宗為宗紹熙元年，正寧宗開禧元年（一二○二）辛，第七十

立，李壽見宋史三八九卷傳。

案檻作純事本末。本傳引云做嚴州教授的時候，說苦其浩博，乃屬劉其事即墨通，奏於上，

檻喜誦司馬光《資治通鑑》之，弟過綱紀事本末。孝知政事藝祖良得其書，令誦讀，曰

孝宗讀而嘆，以賜東宮及分賜江上諸鉦帥，同志治道者是是。李壽楊萬里序云：「初，予與子素子同為

本子官，子素子教嚴陵。函一年，予博士也。……予告守鎬潭，言同言

見於嚴陵，相勞苦，相粲，亦相檄以學。函一年，子素子

編，蓋通鑑之本末也。楊彥作敘淳熙元年（一二七○）項相

劉不過兩年，案氏印成通鑑紀事本末，子兄以素編輯時間

不長。又據王應麟玉海，言"淳熙三年，考⊙改⊙龔茂良言

的市印本叫做嚴陵小字本，詔嚴州刻通鑑紀事本末，邵快，遠刻李子。

三年便已摹印，這見流傳的

本據所編紀事，看蓋見聞，但头画散亡，元違威重，國因傳業摹刻通鑑紀事本末，是二年与之誤

通鑑紀事本末，為了

這樣一部編年史，一件事情連續的幾年內，它以是每年記述，如果把了和舊貌。便要翻閱好幾卷，是不方便的。它以是每年記通鑑任的圈辦。通鑑

櫨品是⊙把分散的事情集中起來，以事情為中心，抄撮通

經承来年次，抄上原文，把司馬光的通史抄上，諸他標上

一夕經目，袁樞自己設了一句話。這樣共編集了三三九

十九夕事目。袁樞的十二卷五十一卷遠種做法，看来

是費多功力。但也妥相当功力。首先，選出這末多的題目，

香峰抄稿

《资治通鉴》及其有关的几部书手稿　二十一（b）

一就爱触起通鉴内容，凡是起倒，又必得着史学兄弟的。我
们就算出来找做作事本来是用两年时间，但没有方法估计
他编读通鉴的变化了多少年。
借为读经必的读者顺好，却国制了历史编纂的一种新体裁。
而且是一种都出以体裁，（后来本）（当者新发展。）
袁枢所编集的二百三十九围。

附为各条方面，总计六十三件。五件重要事情一共中约大
都分为军事政治，得四方面只有两条，省记载的也此。一
定因通鉴得在史料本来较少，（新裁）形成文化方面，一条都没有。
是两段之解。不易澄起一条。
较零散。
纪子如看来袁枢的立场。袁氏表底，每一件事，都有个动
二百三十九件的内容，梅芬性格和袁氏用字的习惯，

凡史書用這類動詞：倒如：

用平字二十九次	用擒字二十三次	用殲字二十三次	同馘字二十三次	用亂字二十次	同篡字二十次	用寇字十次	同伐字九次	同逆字八次
	寶願 擒吳越							
如克武于幸眉	如朗氏擒江東	如叔威寫	如七國之叛	如平晉之亂	如王莽篡漢	如元熬寇宋	如祖逖北伐	如太平公主謀逆
		用威震	六鎮之叛	安史之亂	楊堅篡周	袁甫寇此東	桓温伐燕	竇憲謀逆
庚午東都	特氏擒長安	奧丹威吾	吐蕃叛盟	籓鎮之亂				
太宗平	錦氏	郭威鑒蘆						

晋斋钞稿

《资治通鉴》及其有关的几部书手稿　二十二（b）

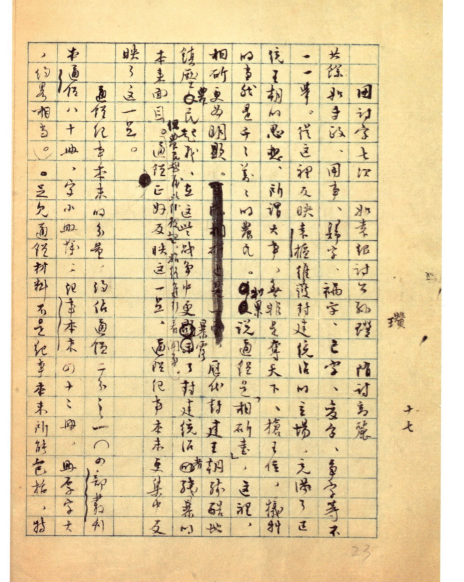

団讨字七江水素组讨名孙理险讨高丽

共徐北手政、団事、县字、福字、己字、友字、皇字等不

一一举。代这部反映素据维护封建统治的立场、完师了反

後王朝的思想，所谓大事，要非是掌天下、撺子位、镶料

的事都是予～荟々的農民。如果说通鉴之相研意，这祖、

相研更为明显。

镇压农民起义、这些斗争必更固団了封建王朝孫礴地
但农民起义那代此於是統治者间强化封建統治嗜残暴刑
暴露了封建統治的残暴例

映了这一点。通鉴正好反映这一点。通鉴纪事本末更集中反

本来面目。通鉴纪事本末的十三册，兴原字大

通鉴纪事本末的分量，約佔通鉴二分之一。○的部書刊

串通佰八十曲，字小如萍二纪事本末的十三册，兴原字大

〇約畧相当。〇之免通鉴材料多是纪事本末所缺色括、特

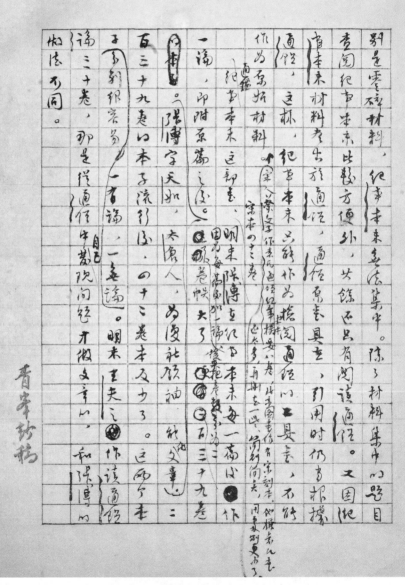

別是零碎材料，紀事本末意在集中。

陳了材料集中以題目

表圖紀事本末比較方便，外，又除正史有閱讀通鑑

唐宋來材料考出較適宜，通鑑原意具在，引用時仍多邦攬，不補

通鑑、建林、紀事本末三解作為搞閱通鑑以工具書，不解

作為原搞材料

紀事本末這初意，宗本の古書。

一論，即附原篇之末。

明末陳傳良紀事本末每一篇心

張傳字天如，大倉人，為復社領袖，紀父書。

百三十九卷以本子流行以。

王夫之

劉紹苍等一書論，一卷論。明末王夫之

論三十卷，那是從通鑑上載欢摘錄，才做文章以，和陳傳良

柳條不同。

二十三卷本及少了。

本末每一篇心作

石三十九卷

這兩个差

二

《資治通鑑》及其有關的幾部書手稿 二十三（b）

尽

青峰珍稿

朱熹
图经纲目

纲目一表，是朱熹样通鉴举要太详，书法还不完备，

通鉴中节取事实，纲仿春秋，目仿左传，书法还要加

·目为其门人赵师渊所作。此表专重书法，

张·为统记阶段眼所更进一步，多采用俗话。

氛太大·书又简明，目此将纲目据·直书，善恶已明，纲目再出许多规矩，事实

主·通鉴据·直书，善恶已明，

又不足以说明，专从褒贬上做文章，

的说明以来，替纲目一表附加上许多花样，叫做岁明（暑起

辈）表法（刘友益）彦吴（汪克宽）樊宾（冯智舒）等等简直

把通鉴纲目神秘化了。

到清朝康熙の十六年，立纲目之上，又加御批。立林

五十九卷

朱熹样

六

24

、去揣摸朱熹意旨之外，又忌揣摩御批了。乾隆卅二年，

又编御批通鉴辑览一书，自古至明末，批的更多。这些

评论，多出了一时遇了时迁及勤思虑，若为研究唐宋帝王政治得失、

各朝人民的疾苦，是挺有很多材料。

一隅之陋，加以抉择到。御批辑览。御制提供了很多材料。

后唐己学，这些内容早已附论於此。

严衍学问思，嘉定人，明万历时秀才，撰资治通鉴补，

（自序，国年四十者一，距读通鉴，万历己卯（一五七九）至

一五）此作通鉴补，小邬於学撰庚午（一六三〇）宋元续编亦因贵稿，

之心力以辑之，至崇祯甲申（一六四四）又辑补一卷。

一同阿嘉山正方他们写至读先厚，後安作一序。

我们生平记述绍少，陈大断潜研室文集为他作传，材

材不出严氏通信诸目，高与和谈兄原序以范围。

严氏受补通鉴

严氏受补通鉴中说：

通鉴书才病。

十九

一曰漏，言太略，本书，点者盖每书供不载也。

二曰後，记寅展大雪，辮音多死等，如贞观十一年七月、十一月均

三曰紊，言仙事妄荛，荛事妄不，编次失序。

四曰杂，言张李玉见，甲乙选妄，伎读者南北绍歧，

五曰误，言事有拜差，乃一人为二人，合二人为一人。

六曰敌，言温公取捨由己，太固执。

35

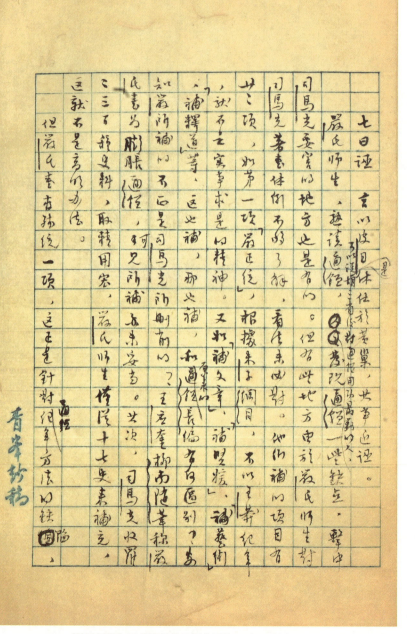

《资治通鉴》及其有关的几部书手稿　二十五（b）

如《通鉴考异》初无序，《通鉴补》附书建炎二十五年，以在后之
续编。书此这样改也不续上，最好是林政心书缺之，画如是林改心书缺之，
一章与上下一章搭上手续，共缺品字二字之续，又如《通鉴
考，竟无此之章一事。《通鉴补》则一续字上下似，将此处
纷迷新下，这两是一项改进也乎，因此，似名此书《通鉴补》得道六
终结矣。又不知为何事。《通鉴补》则一续字上下，似所谓《续
了，《居氏师生三十年搏为研究《通鉴》而读《通鉴补》，国》章作六
题》。《居氏师生三十年搏为研究《通鉴》而读《通鉴补》，别发修其见问。
通鉴补》书成长期未刻版，道克四年（一八二○）志成书
时已一千八十年，阳城张敦仁，杭之中下之者田刊，但仍存中，
部分，宗祿威《通鉴补》正，更好古之人以《居氏刻金正，
根望奇必有，更好古之人以《居氏刻金正，这于郝郑，
丰初江夏童氏粘以黎珍版郝印百余部，日起隆二年
（一八九六）》重印威

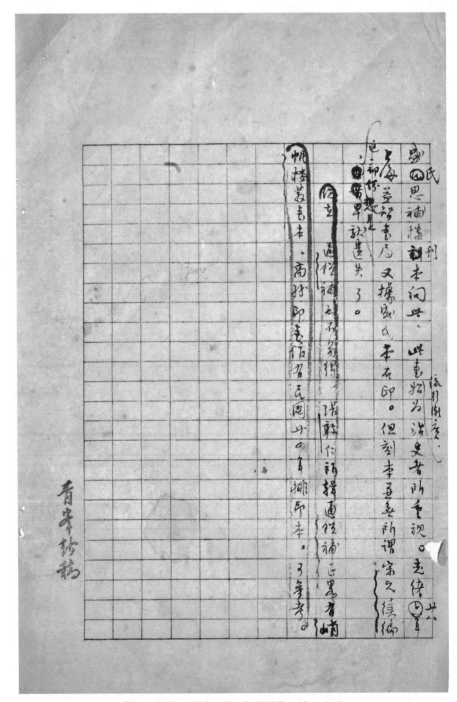

《资治通鉴》及其有关的几部书手稿　二十六（b）

后 记

本书分为两个部分，即《宋辽金史讲义》和《资治通鉴介绍》。是柴德赓先生宋史与通鉴教学的一个合集。

一

《宋辽金史讲义》（以下简称《讲义》）是由柴德赓先生于北平辅仁大学史学系任教时讲授宋辽金元史的手稿（原题为《宋辽金元史讲稿》）整理而成。他的宋史教学成果即体现在此册《讲义》中，《讲义》成稿时间为 1946 年，时值抗战胜利，百废方兴，学界气象一新。他的讲义侧重点是讲宋代的军事和官制，从这个角度认识宋代兴亡及后续朝代更迭，这或许是他有鉴于抗战之艰辛而为之。

柴德赓先生于北平师范大学读书时，在陈援庵先生的指导下，立志以宋史为研究方向，他在青年时代用力最勤的就是宋史。虽然当时他家境贫寒，又要鞠养儿女，但他还是节衣缩食，买下了老同文书局本《宋史》100 册，用以攻读。

柴德赓先生在陈援老的教诲下，加之自身的勤勉，在史学上有了很大进益。家中藏书也逐渐宏富，"茆屋三四间，充栋贮经史"，仅《宋史》就有两部。从目前整理遗稿的情况来看，他最初买下的《宋史》一直跟随身边，尽管抗战期间全家流离中原、辗转西南，越秦岭、穿蜀道、渡川江、入白沙，性命堪虞，但《宋史》未尝须臾离也。1970 年柴德赓先生于苏州尹山湖农场不幸去世，在处理遗书时，夫人陈璧子先生考虑到子女中并无攻读史学者，遂将生前绝大部分遗留书籍先后捐赠，计五千余帙；唯独一套点校过、附带有大量批注的《宋史》交与了次子柴邦衡留作纪念。

柴德赓先生与宋史的因缘之深也若此。然而，他的宋代专门史研究成果并不多，仅 1941 年有一篇《宋宦官参预军事考》发表于《辅仁学志》，1949 年后，由于工作和历次运动的关系，他的主要研究精力偏向清代学术史及苏州地方史，直到协助陈援老点校《新五代史》才又重新作宋代专门史的研究。在整理遗稿时，我们发现他有许多宋史研究的计划，但都因世事变迁而未付诸实行。柴德赓先生在"文化大革命"中的一份"自我检查"的笔记中，曾列举自己的学术研究领域，宋史居首，清代学术思想史次之。可见，他一生最钟爱的还是宋史研究。时也命也，真可谓壮志未酬了。

此册《讲义》为手稿，是讲课时备用的，基本是提纲挈领，个别内容的顺序及编排上有些衔接不上。但是这些并不影响后学者研读柴先生讲稿的精髓。柴德赓先生讲课时必定加入了大量史实、掌故，使内容丰富起来。

苏州大学丁义珏老师整理了《宋辽金元史讲稿》，对讲稿中的疑点作了校勘。北京大学邓小南先生为此撰写"感言"一篇，依照邓先生的建议，书名定为《宋辽金史讲义》。我们在《宋辽金史讲义》整理稿上保留了柴先生《宋辽金元史讲稿》影印本中的页码，以便读者核检。

二

　　1962 年秋，柴德赓先生应翦伯赞之邀，参加高校文科教材编审，并于中共中央高级党校讲授"《资治通鉴》及其有关的几部书"，时印有小册子作为教材散发，小册子后编入《史学丛考》。讲课时党校有录音记录，1981 年党校求实出版社根据录音整理，出版了《资治通鉴介绍》（以下简称《介绍》）一书，由北师大刘乃和先生作前言一篇。2010 年《介绍》再版，列入"领导干部阅读书架"丛书，并请北师大瞿林东先生撰写了再版前言，在此一并刊出。

　　方管先生曾经有过这样的论述："青峰给我最大的教益，便是使我略能望见陈垣之学的门墙，我知道，陈门弟子的入门第一步功夫，是从头到尾点读《资治通鉴》，从这一步入手，以后便不至于放言高论，游谈无根。"可见陈援庵先生如此重视《资治通鉴》一书，《资治通鉴》是史学入门的一把钥匙。

　　从柴德赓的《介绍》可以看到，他深谙《通鉴》学，对《资治通鉴》的成书过程、作者等相关问题了如指掌。对《资治通鉴》版本目录亦十分清楚，这是对陈援庵目录学的传承和应用。

　　柴德赓先生早年购得涵芬楼排印本《资治通鉴》（60 册本），是案头用书，每有新的校勘心得就直接写到书上，用他自己的话说是"加批渐多"。1970 年他去世后，这套书扣留在江苏师院历史系，那时书还没有通过"审查"，可以想象核对批注也是一件繁杂的工作。1979 年这套批注本《资治通鉴》捐赠给学校。

　　党校本《介绍》是根据 1963 年的录音整理，文中不免一些遗漏、误点，华中师大崔曙庭先生和首都师大孙文泱先生曾做过标注。此次整理时，苏州大学吴建华先生根据二人提出的问题，核对、校订，一一补足，使这本经典著作继续发挥《资治通鉴》入门钥匙的作用。

此次重印，增加了《介绍》手稿影印，可以看到讲稿原貌。

柴念东

2017 年 10 月 31 日

于苏州大学